Alexandre Cesar Motta de Castro

# MARKETING CANVAS

Planejamento de marketing interativo

ALTA BOOKS
EDITORA

Rio de Janeiro, 2018

**Marketing Canvas — Planejamento de marketing interativo**
Copyright © 2018 da Starlin Alta Editora e Consultoria Eireli. ISBN: 978-85-508-0271-8

Todos os direitos estão reservados e protegidos por Lei. Nenhuma parte deste livro, sem autorização prévia por escrito da editora, poderá ser reproduzida ou transmitida. A violação dos Direitos Autorais é crime estabelecido na Lei nº 9.610/98 e com punição de acordo com o artigo 184 do Código Penal.

A editora não se responsabiliza pelo conteúdo da obra, formulada exclusivamente pelo(s) autor(es).

**Marcas Registradas**: Todos os termos mencionados e reconhecidos como Marca Registrada e/ou Comercial são de responsabilidade de seus proprietários. A editora informa não estar associada a nenhum produto e/ou fornecedor apresentado no livro.

Impresso no Brasil — 1ª Edição, 2018 - Edição revisada conforme o Acordo Ortográfico da Língua Portuguesa de 2009.

Publique seu livro com a Alta Books. Para mais informações envie um e-mail para autoria@altabooks.com.br

Obra disponível para venda corporativa e/ou personalizada. Para mais informações, fale com projetos@altabooks.com.br

| Produção Editorial | Produtor Editorial | Marketing Editorial | Vendas Atacado e Varejo | Ouvidoria |
|---|---|---|---|---|
| Editora Alta Books | Thiê Alves | Silas Amaro<br>marketing@altabooks.com.br | Daniele Fonseca<br>Viviane Paiva<br>comercial@altabooks.com.br | ouvidoria@altabooks.com.br |
| **Gerência Editorial**<br>Anderson Vieira | **Produtor Editorial (Design)**<br>Aurélio Corrêa | **Gerência de Captação e Contratação de Obras**<br>autoria@altabooks.com.br | | |
| **Equipe Editorial** | Bianca Teodoro<br>Ian Verçosa | Illysabelle Trajano<br>Juliana de Oliveira | Renan Castro | |
| **Revisão Gramatical**<br>Alessandro Thome<br>Thamiris Leiroza | **Diagramação/Layout**<br>Amanda Meirinho | **Capa**<br>Aurélio Corrêa | | |

**Dados Internacionais de Catalogação na Publicação (CIP) de acordo com ISBD**

C355m  Castro, Alexandre Cesar Motta de
  Marketing Canvas: planejamento de marketing interativo / Alexandre Cesar Motta de Castro. - Rio de Janeiro : Alta Books, 2018.
  260 p. : il. ; 24cm x 17cm.
  ISBN: 978-85-508-0271-8
  1. Administração. 2. Marketing. 3. Canvas. 4. Planejamento. 5. Marketing interativo. I. Título.
2018-121
  CDD 658.8
  CDU 658.8

Elaborado por Vagner Rodolfo da Silva - CRB-8/9410

**Erratas e arquivos de apoio**: No site da editora relatamos, com a devida correção, qualquer erro encontrado em nossos livros, bem como disponibilizamos arquivos de apoio se aplicáveis à obra em questão.

Acesse o site www.altabooks.com.br e procure pelo título do livro desejado para ter acesso às erratas, aos arquivos de apoio e/ou a outros conteúdos aplicáveis à obra.

**Suporte Técnico**: A obra é comercializada na forma em que está, sem direito a suporte técnico ou orientação pessoal/exclusiva ao leitor.

A editora não se responsabiliza pela manutenção, atualização e idioma dos sites referidos pelos autores nesta obra.

Rua Viúva Cláudio, 291 — Bairro Industrial do Jacaré
CEP: 20970-031 — Rio de Janeiro - RJ
Tels.: (21) 3278-8069 / 3278-8419
www.altabooks.com.br — altabooks@altabooks.com.br
www.facebook.com/altabooks

# Dedicatória

Dedico este livro a todos aqueles que acreditam na importância do planejamento como um princípio fundamental para guiar sua vida, mesmo quando sabemos que nem sempre somos capazes de domar os ventos que insistem em mudar nossa trajetória.

Dedico este livro aos que veem no planejamento uma forma de estabelecer alvos e meios para alcançá-los de acordo com os recursos disponíveis e condições existentes, mas que não perdem a capacidade de se adaptar às constantes mudanças e continuar apreciando a paisagem durante todo o caminho percorrido.

Dedico este livro aos que me acompanham no dia a dia e que percebem que o planejamento exige rigor e disciplina, tanto quanto nos permite conviver com a tomada de decisões intuitivas que se mostram necessárias quando as informações não estão plenamente disponíveis.

Dedico este livro aos meus filhos. Os maiores já seguem seu próprio caminho, planejado ou não. Em relação aos menores, ainda espero que aprendam como o planejamento poderá ser útil em suas vidas.

Dedico este livro à minha esposa. Nossa vida conjunta é um misto de planejamento e intuição. De ciência e arte. De razão e emoção. De amor, paixão e discussões eternas sobre que objetivos devemos perseguir, que lugares devemos conhecer, que estradas devemos percorrer e como devemos compartilhar nossos anseios, expectativas, visões de mundo e onde queremos chegar no futuro.

# Sobre o Autor

ALEXANDRE CESAR MOTTA DE CASTRO

Mestre em Administração de Empresas, com ênfase em planejamento organizacional e gestão de recursos humanos, pela Pontifícia Universidade Católica — PUC Rio. MBA em Gerenciamento de Projetos pela Fundação Getúlio Vargas — FGV RJ. Economista pela PUC Rio.

Certificado Scrum Master para gestão ágil de projetos pela Scrum Alliance.

Mais de 15 anos de destacada experiência profissional em cargos de coordenação e direção de importantes instituições de ensino superior (Universidade Luterana do Brasil — ULBRA, Faculdades São José — FSJ, Centro Universitário da Cidade — UniverCidade, Universidade Veiga de Almeida — UVA, Faculdades Integradas Hélio Alonso — FACHA, entre outras).

Vivência superior a 20 anos como professor em cursos de graduação e pós-graduação em disciplinas das áreas de marketing, recursos humanos, planejamento organizacional e gerenciamento de projetos em destacadas instituições de ensino superior (PUC Rio, IBMEC, FGV, ULBRA, UniverCidade, Universidade Veiga de Almeida, Unigranrio, Universidade Castelo Branco, Universidade Salgado de Oliveira, Faculdades São José, Faculdades Integradas Hélio Alonso, entre outras).

Experiência superior a 10 anos na realização de projetos de consultoria em gestão de recursos humanos, planejamento e gestão estratégica, gerenciamento de projetos, organização de empresas e implantação de escritórios de gestão de projetos pela ProCompetence Consultoria, FGV Projetos, entre outras.

Autor do livro e e-book *Quem precisa de Peter Drucker: enfrentando com bom senso e bom humor os desafios cotidianos do trabalho no mundo corporativo*, publicados pela Publiki Editora e pela For Experts.

Coautor do livro *Planejamento e Gestão Estratégica de TI* e revisor técnico dos livros *Fundamentos de Governança de TI*, *Governança de TI* e *Gerenciamento de Projetos de TI*, publicados pela Editora da Rede Nacional de Ensino e Pesquisa (RNP).

Experiência executiva, coach para desenvolvimento de novas lideranças e facilitador em programas de qualificação profissional em áreas como gestão de projetos, planejamento e desenvolvimento organizacional, empreendedorismo, inovação e modelagem de novos negócios, planejamento e gestão estratégica, gestão de recursos humanos e gestão acadêmica.

# Sumário

1. Introdução ........................................................................................................................... 1

**Parte 1** *Estrutura do Planejamento Estratégico de Marketing* ................................................ 7
2. Etapas do Processo de Planejamento Estratégico de Marketing ........................................... 9
3. Diagnóstico Estratégico ........................................................................................................ 13
4. Análise Estratégica ............................................................................................................... 25
5. Planejamento Estratégico ..................................................................................................... 29
6. Planejamento de Ações Estruturantes .................................................................................. 35
7. Planejamento de Ações de Mercado ..................................................................................... 37
8. Elaboração do 5W2H e Orçamentação .................................................................................. 39

**Parte 2** *O CANVAS do Plano Estratégico de Marketing* ........................................................... 41
9. Metodologia de Construção do CANVAS ............................................................................... 43

**Parte 3** *Diagnóstico Estratégico da Empresa e do Mercado* ................................................... 45
10. Diagnóstico Estratégico de Forças e Fraquezas Internas .................................................... 47
11. Análise do Portfólio de Produtos e Serviços (Matriz BCG) ................................................... 55
12. Análise do Ciclo de Vida do Produto (CVP) .......................................................................... 61
13. Análise do Macroambiente .................................................................................................. 67
14. Análise da Concorrência ...................................................................................................... 75
15. Análise da Atratividade ........................................................................................................ 83
16. Análise do Comportamento do Consumidor ....................................................................... 97
17. Análise da Indústria ............................................................................................................. 103
18. Segmentação de Mercado ................................................................................................... 113

**Parte 4** *Análise Estratégica de Mercado* ........................................................................ 117
19. Análise SWOT ........................................................................................................ 121
20. Análise dos Fatores Críticos de Sucesso (FCS) .................................................... 129
21. Revisão Crítica do Modelo de Negócios ............................................................... 135

**Parte 5** *Planejamento Estratégico de Marketing* .............................................................. 143
22. Posicionamento de Mercado ................................................................................. 149
23. Elaboração do Balanced Scorecard (BSC) ............................................................ 155
24. Formulação Estratégica ......................................................................................... 165
25. Gestão do Portfólio de Projetos ............................................................................ 175

**Parte 6** *Planejamento de Ações Estruturantes e Orientadas a Mercado* ........................ 185
26. Planejamento de Ações Estruturantes ................................................................. 187
27. Planejamento de Ações de Mercado .................................................................... 197
28. Elaboração do 5W2H e Orçamentação ................................................................ 217

**Parte 7** *O Plano de Marketing* ........................................................................................... 223
29. O Plano de Marketing — Caso Prático Completo ............................................... 225

# 1. Introdução

O PLANEJAMENTO ESTRATÉGICO DE MARKETING é uma etapa importante do processo de planejamento e gestão estratégica de uma organização. Trata-se do processo de elaboração de um guia para nortear as decisões relativas à atuação mercadológica de uma empresa, tornando-a mais apta a satisfazer as necessidades de seus clientes nos diversos segmentos de mercado em que atua, visando o alcance de seus objetivos de negócios, entre os quais se destaca a busca pela sustentabilidade de suas operações em longo prazo.

Vale sempre ressaltar que o desenvolvimento de um Plano Estratégico de Marketing ocorre de modo vinculado ao diagnóstico da organização realizado previamente. E esse diagnóstico deve se caracterizar por sua natureza sistêmica, o que significa entender a realidade da organização, suas vulnerabilidades e potencialidades à luz de todos os recursos e meios necessários para viabilizar o alcance de determinados objetivos, percebendo como as relações de interdependência entre os diferentes artefatos organizacionais[1] determinam sua capacidade de avançar em direção a seus objetivos.

É preciso, assim, diferenciar simples desejos, sonhos e intenções organizacionais daqueles objetivos que verdadeiramente a empresa é capaz de alcançar por meio da utilização dos recursos disponíveis. Sem perder de vista as possibilidades de longo prazo e procurando sempre projetar diferentes perspectivas do futuro, a empresa precisa ser capaz de mobilizar a energia organizacional de todos os seus colaboradores rumo a objetivos realistas e factíveis.

Este é um livro que serve de referência para a utilização em empresas atuantes em quaisquer mercados, lidando com diferentes desafios que o desenvolvimento de um Plano Estratégico de Marketing ajuda a enfrentar. Porém sua aplicação sempre irá requerer customizações decorrentes de características próprias de cada organização, entre as quais devem se destacar: o grau de maturidade das práticas de gestão mercadológica adotadas, o nível de qualificação do pessoal envolvido no processo, a complexidade dos desafios de mercado, o modelo de negócios e a estrutura organizacional da empresa; entre outras.

---

**1.** Todo e qualquer elemento tangível existente na empresa pode representar um artefato organizacional: estrutura, processos, tecnologias, ambiente físico, produtos, equipamentos etc.

> "Se conhecemos o inimigo e a nós mesmos, não precisamos temer o resultado de uma centena de combates. Se nos conhecemos, mas não ao inimigo, para cada vitória, sofreremos uma derrota. Se não nos conhecemos, e nem ao inimigo, sucumbiremos em todas as batalhas."
> **Sun Tzu**

**2.** Uma metodologia, baseada em sólido referencial teórico-conceitual e contextualizada à prática cotidiana, representa um conjunto organizado de procedimentos que, utilizados, facilitam o alcance do resultado final.

O hábito sistemático de planejar as ações orientadas a mercado, baseado em uma melhor percepção da realidade da empresa e do contexto ambiental por ela ocupado, permite uma adequada avaliação de caminhos alternativos e a construção de um referencial futuro que fundamente sua ação no presente, o que é especialmente importante diante de cenários competitivos cada vez mais voláteis.

Mudanças permanentes exigem monitoramento contínuo do ambiente, seja para reagir rapidamente aos riscos identificados, seja para antecipar decisões que permitem o melhor aproveitamento das oportunidades de mercado.

As exigências de mercado são cada vez maiores, e é crescente a pressão pelo aumento da produtividade e da competitividade dos negócios. Como lidar com tais desafios? Faz sentido o esforço de planejamento estratégico orientado a mercados que mudam a todo instante? Como incorporar ao processo de planejamento as mudanças do ambiente de negócios? Como dar ao processo de planejamento estratégico a suficiente flexibilidade para mantê-lo realista e factível?

Ter à disposição um sólido arcabouço teórico e um framework de boas práticas que possam ser aplicadas ao processo de planejamento estratégico orientado a quaisquer tipos de empresas atuantes nos mais diferentes mercados significa a possibilidade de desenvolver uma metodologia[2] que se presta em todos os contextos e cenários de negócios, cabendo sempre e tão somente a sua devida adaptação à realidade própria de cada organização.

Assim, este livro se propõe a oferecer um caminho metodológico que oriente a jornada a ser percorrida pelas organizações envolvidas no processo de planejamento estratégico orientado a mercado. Trata-se de um roteiro estruturado passo a passo para que todos possam usá-lo e chegar a um resultado efetivo, desde as etapas de análise estratégica dos ambientes e cenários competitivos até o processo de tomada de decisões estratégicas e de nível tático-operacional. Seu desenho está didaticamente organizado para tornar o entendimento fácil e intuitivo e guiar a equipe que o aplicará por um caminho mais seguro e previsível.

Os resultados obtidos com a utilização deste livro serão maximizados quanto maiores forem os conhecimentos prévios sobre a disciplina do marketing que o leitor possuir. Trata-se de uma abordagem acessível a profissionais e estudantes de todos os níveis, interessados no processo de planejamento estratégico orientado a mercado, mas sua aplicabilidade produzirá benefícios crescentes na medida em que o leitor se aprofundar na leitura das inúmeras referências complementares publicadas sobre a ciência do marketing. Há uma farta literatura existente, a qual é indicada nesta obra.

Por fim, é importante dizer que este livro não se propõe a ser um compêndio de conteúdos teóricos sobre marketing. Naturalmente, uma extensa revisão bibliográfica é realizada ao longo do texto, a fim de dar ao leitor os fundamentos essenciais para a compreensão do processo de Planejamento Estratégico de Marketing.

No entanto, esta obra enfoca muito mais a apresentação e a aplicação de uma metodologia para desenvolvimento de todo o processo de Planejamento Estratégico de Marketing e elaboração de um Plano de Marketing, abordando os conteúdos necessários apenas para construir uma base teórico-conceitual sólida e viabilizar sua utilização instrumental.

Essa abordagem, que o leitor pode perceber ao longo do livro, é traduzida sob a forma de vários elementos concretos que tornam a leitura mais agradável e o aprendizado mais efetivo.

O principal desses elementos é o CANVAS, utilizado para guiar cada passo a ser percorrido no capítulo do livro destinado a tratar da metodologia de desenvolvimento do Planejamento Estratégico de Marketing. Trata-se de um esquema gráfico que permite ao leitor perceber de modo sistêmico como cada elemento do planejamento se integra e se relaciona para subsidiar uma etapa seguinte de desenvolvimento. Um recurso visual para facilitar a compreensão do todo.

## DIAGNÓSTICO ESTRATÉGICO DE FORÇAS E FRAQUEZAS

| Dimensões | Principais forças | Principais fraquezas |
|---|---|---|
| Modelo de negócio | | |
| Pensamento estratégico | | |
| Estrutura organizacional | | |
| Processos internos | | |
| Tecnologias empregadas | | |
| Práticas de gestão de pessoas | | |

## ANÁLISE DO PORTFÓLIO DE PRODUTOS E SERVIÇOS

| Estrelas | Interrogações |
|---|---|
| | |
| Vacas leiteiras | Abacaxis |
| | |

## ANÁLISE DO MACROAMBIENTE

| Econômicos | Político-legais |
|---|---|
| | |
| Demográficos | Socioculturais |
| | |
| Ambientais | Tecnológicos |
| | |

## ANÁLISE DO AMBIENTE COMPETITIVO (CONCORRÊNCIA)

| Critérios | Vantagens competitivas dos principais concorrentes | | | |
|---|---|---|---|---|
| | A | B | C | D |
| Abrangência do mix de produtos | | | | |
| Agressividade do marketing | | | | |
| Atratividade do preço | | | | |
| Capacidade de entrega | | | | |
| Estrutura relativa de custos | | | | |
| Força da marca | | | | |
| Instalações e estrutura física | | | | |
| Domínio tecnológico | | | | |
| Qualidade do atendimento | | | | |
| Qualidade dos produtos | | | | |
| Capacidade financeira | | | | |
| Outros | | | | |

## ANÁLISE DO AMBIENTE COMPETITIVO (FORÇAS COMPETITIVAS)

| Concorrência | Substitutos |
|---|---|
| Entrantes potenciais | Consumidores |
| Barreiras à entrada | Fornecedores |

## ANÁLISE DO AMBIENTE COMPETITIVO (ATRATIVIDADE DO MERCADO)

| Fatores de atratividade | Segmentos de mercado | | |
|---|---|---|---|
| | A | B | C |
| Barreiras de entrada e de saída | | | |
| Ciclo de vida do segmento | | | |
| Condições sociais, políticas e legais | | | |
| Intensidade da competição | | | |
| Nível de investimento requerido | | | |
| Rentabilidade histórica | | | |
| Tamanho do mercado | | | |
| Taxa de crescimento do mercado | | | |
| Tecnologia exigida | | | |
| Intensidade das mudanças | | | |
| Risco | | | |

## ANÁLISE DO AMBIENTE COMPETITIVO (COMPORTAMENTO DO CONSUMIDOR)

| Principais motivações | Tarefas realizadas |
|---|---|
| Dores percebidas | Ganhos esperados |

*Figura 1 — Canvas do Planejamento Estratégico de Marketing — Dimensões do Diagnóstico Estratégico*

Nesse roteiro passo a passo para o desenvolvimento de cada componente do CANVAS são fornecidas instruções gerais para aplicação, contendo: (a) objetivos que se pretendem atingir; (b) esquemas conceituais com os conteúdos a serem desenvolvidos; (c) perguntas orientadoras para reflexão; (d) instruções detalhadas para o preenchimento dos templates disponibilizados e (e) exemplificação de como aplicar a metodologia por meio de um estudo de caso, o qual vai sendo desenvolvido em cada parte de construção do CANVAS, que se integram até, ao final, darem origem a um caso completo desenvolvido em todo o livro.

De forma complementar, outros elementos que tornam a leitura mais didática e de mais fácil compreensão são expostos em pequenos boxes de informação destacados ao longo do texto, potencializando o entendimento sobre como desenvolver todo o processo de Planejamento Estratégico de Marketing.

**Termos-chave** — conceitos que têm uma importância crítica para o pleno entendimento do processo de Planejamento Estratégico de Marketing têm seu significado explicado em detalhes.

**Desafios** — perguntas provocadoras são lançadas para promover a reflexão crítica acerca da aplicabilidade do conteúdo teórico-conceitual.

**Exemplos práticos** — para vários dos conceitos desenvolvidos nos diferentes tópicos do livro, são citados breves exemplos de situações reais que permitem uma rápida contextualização.

**Exercícios** — em várias partes do livro são aplicados breves exercícios, que exigem a mobilização dos conteúdos abordados para sua solução, de forma crítica e aplicada à realidade do leitor.

**Referências teóricas complementares** — ainda em relação aos vários tópicos de desenvolvimento do Planejamento Estratégico de Marketing, inúmeras referências bibliográficas são citadas para estimular a pesquisa e o aprofundamento dos estudos pelo leitor, contribuindo para sua formação teórico-conceitual de modo sólido e lhe propiciando uma aplicabilidade prática mais consistente.

Este livro é também uma provocação àqueles que decretam a morte do Planejamento Estratégico, pois este, como ferramenta de gestão, sempre estará presente e mais atual do que nunca em um mundo em constante transformação.

Pode parecer contraditório, mas a essência do planejamento adquire ainda mais força diante de mercados e ambientes de negócios onde se torna cada vez mais difícil entender a realidade. Para que serve o planejamento senão como um exercício estruturado para se aumentar e melhorar a percepção dos tomadores de decisão exatamente sobre os fatos a seu redor que não param de mudar e a todo instante apresentam armadilhas a serem desmontadas pelos gestores?

Não! O Planejamento Estratégico não morreu! O que precisa mudar e esse livro se propõe a dar uma contribuição nesse sentido é a metodologia e a abordagem utilizada no processo de planejamento. Pode não haver muito mais o que ser escrito a respeito da base teórico-conceitual e das ferramentas utilizadas no planejamento, mas sua aplicabilidade pode ser potencializada com uma nova forma de conduzir o tema nas empresas.

Partindo dessa premissa, a metodologia de planejamento aqui construída se assenta em alguns pilares fundamentais:

### Mais participação e menos centralização

O processo de planejamento precisa ser conduzido de forma descentralizada, envolvendo o maior número possível de participantes da organização que conheçam a fundo a dinâmica de funcionamento do negócio, criando-se fóruns de discussão para avaliar com objetividade, agilidade e transparência a realidade e as perspectivas futuras da empresa e dos seus mercados, e assim fundamentar melhor as decisões a serem tomadas pelos gestores.

### Menos formalismo e mais interatividade

O processo de planejamento não pode se tornar uma amarra burocrática que aprisiona os gestores e tomadores de decisão em práticas arcaicas, pouco motivadoras e baixa efetividade. Apesar de ser necessário seguir um roteiro básico de etapas que dão lógica e consistência ao ato de planejar, é preciso ter menos apego a aspectos meramente formais e apostar mais na riqueza obtida da interação pessoal entre os participantes dos fóruns de discussão criados.

### Menos rigidez e mais flexibilidade

O processo de planejamento deve respeitar sua natureza incremental. Como os mercados mudam a todo instante, o ato de planejar não deve negar essa realidade, acreditando não fazer sentido lidar com a imprevisibilidade. Pelo contrário, deve não somente aceitá-la como incorporá-la, fazendo com que em cada etapa de seu desenvolvimento se possa avançar e retroagir, absorver novos subsídios e fornecer outros, em movimentos contínuos que vão aperfeiçoando os resultados obtidos até se chegar a um final satisfatório.

# PARTE 1
*ESTRUTURA DO PLANEJAMENTO ESTRATÉGICO DE MARKETING*

## 2. Etapas do Processo de Planejamento Estratégico de Marketing

COMO JÁ EXPOSTO ANTERIORMENTE, o CANVAS, do modo como é concebido, ajuda a preservar a visão sistêmica do processo de Planejamento Estratégico de Marketing, tão necessária para torná-lo útil e aderente à realidade da organização e de seus mercados de atuação.

Nele é possível perceber o grande benefício de se desenvolver o planejamento em uma plataforma integrada, entendendo-se claramente o papel de cada um de seus componentes e os relacionamentos existentes entre eles.

O processo de planejamento estratégico orientado a mercado abordado aqui se divide em seis grandes etapas, cujos principais componentes são destacados a seguir:

### Etapa 1 — Diagnóstico Estratégico
- Diagnóstico de Forças e Fraquezas.
- Análise do Portfólio de Produtos e Serviços (Matriz BCG).
- Análise do Ciclo de Vida do Produto (CVP).
- Análise do Macroambiente.
- Análise do Ambiente Competitivo de Mercado.
  - Análise da Concorrência.
  - Análise da Atratividade.
  - Análise do Comportamento do Consumidor.
  - Análise da Indústria.
- Segmentação de Mercado.

### Etapa 2 — Análise Estratégica
- Análise SWOT.
- Análise dos Fatores Críticos de Sucesso (FCS).
- Revisão Crítica do Modelo de Negócio.

### Etapa 3 — Planejamento Estratégico
- Posicionamento de Mercado.
- Elaboração do Balanced Scorecard (BSC).
- Formulação Estratégica.
- Gestão do Portfólio de Projetos.

**Etapa 4 — Planejamento de Ações Estruturantes**

**Etapa 5 — Planejamento de Ações de Mercado**

**Etapa 6 — Elaboração do 5W2H e Orçamentação**

Em sua sequência de desenvolvimento, a construção do CANVAS começa pelo diagnóstico estratégico da empresa, de onde são obtidas informações sobre suas forças e fraquezas em várias dimensões do negócio, e em destaque é avaliado seu portfólio de produtos e serviços, pois estes representam a fonte geradora de receitas, que garante a sustentabilidade da empresa.

À medida que a empresa aprofunda o conhecimento sobre os diversos aspectos de sua operação, ela passa a analisar o macroambiente e o ambiente competitivo externo de negócios no qual está inserida, usando essa base de informações para promover a análise combinada de fatores internos e externos ao negócio, que lhe permitem entender quais são os fatores críticos para seu sucesso e o quanto seu modelo de negócios é adequado para enfrentar os desafios de mercado.

Sabendo quais são suas principais potencialidades e vulnerabilidades, a empresa define quais são os objetivos estratégicos do negócio que precisa ou deseja alcançar e formula as estratégias de mercado que julga necessárias para viabilizar o atingimento dos resultados planejados, selecionando para isso o portfólio de projetos que pretende implementar.

Além do desenvolvimento de novos projetos, as estratégias de negócio são colocadas em prática por meio da elaboração e implementação de planos de ação estruturantes e de planos de ação de mercado, os quais consolidam uma série de decisões que a empresa precisa tomar para organizar seus recursos e deslanchar sua operação.

Os recursos são então alocados nas ações efetivamente implementadas, após serem submetidas a critérios de priorização, permitindo assim sua orçamentação e a definição de parâmetros para avaliação de desempenho.

Além do orçamento elaborado, outros parâmetros de avaliação de desempenho desenvolvidos no âmbito do Mapa Estratégico de objetivos, metas e indicadores também são utilizados para monitorar e controlar a eficácia e a eficiência da gestão da empresa, fornecendo aos gestores feedback para que eventuais correções de rumo sejam implementadas.

É importante ressaltar que o processo de planejamento e gestão estratégica em qualquer organização é dinâmico e iterativo[3]. Ele precisa incorporar continuamente as mudanças do ambiente de negócios em seus diferentes componentes, em frequentes movimentos incrementais de idas e voltas, seja para rever objetivos que se tornaram inalcançáveis, abandonar estratégias de mercado que perderam o sentido, adequar as políticas comerciais ou redirecionar recursos orçamentários, entre muitas outras razões, sempre tendo como pano de fundo a necessidade de manter a relevância e a coerência das decisões diante dos cenários de mercado.

Essa necessidade de flexibilidade e adaptabilidade permanente ao ambiente de negócios precisa ser respeitada, sob pena de serem planejadas ações que não levarão a lugar algum, alocados recursos de modo ineficaz e comprometida a sustentabilidade das organizações.

Nada será como antes. Tudo pode mudar de forma abrupta e imprevisível, e isso, ao contrário do que possa parecer, torna o processo de planejamento e gestão estratégica ainda mais relevante e crítico nas empresas.

É melhor então haver um roteiro que possa orientar o processo de elaboração do planejamento e de implementação das decisões a serem tomadas. A metodologia aqui proposta oferece um mapa do caminho que contribui para diminuir o risco de o gestor se perder ao longo da jornada. Todo planejamento exigirá mudanças de rota e demandará novas decisões, diferentes das anteriormente tomadas. Isso não será um problema caso se tenha um guia de orientação para posicionar a empresa na rota certa que a levará a alcançar os resultados esperados.

**3.** O processo de Planejamento Estratégico de Marketing avança de forma incremental. Cada uma de suas etapas subsidia a elaboração das seguintes, incorporando novas variáveis de forma dinâmica.

**Desafio para discussão em equipe**

Como sua empresa responde a mudanças relevantes no ambiente de negócios? Há uma metodologia de planejamento estratégico estabelecida? Um esforço de inteligência competitiva de mercado é conduzido pelos executivos? Ou os executivos decidem de modo intuitivo com base em informações de mercado insuficientes?

A estrutura básica proposta neste livro para guiar o processo de planejamento e gestão estratégica orientada a mercado é dividida em quatro grandes etapas, cujos componentes se relacionam sistemicamente. Os esquemas conceituais apresentados a seguir deixam clara a sequência de desenvolvimento.

# 3. Diagnóstico Estratégico

O PROCESSO DE PLANEJAMENTO E GESTÃO ESTRATÉGICA precisa se iniciar com o entendimento da realidade da empresa. O conhecimento dos recursos disponíveis que tornam as organizações mais ou menos competitivas e aptas a enfrentar os desafios de mercado é necessário para que os objetivos possam ser definidos de modo realista.

Por sua vez, suas potencialidades e vulnerabilidades serão determinantes para que a empresa defina os caminhos estratégicos mais viáveis a seguir. A análise do ambiente interno é, portanto, um requisito para iniciar a caminhada. Sem entender sua própria natureza, não é possível definir onde chegar.

Trata-se de um diagnóstico sistêmico de todas as dimensões do negócio, não somente daquelas diretamente relacionadas com as ações voltadas ao mercado. A eficácia das ações mercadológicas requer a utilização das múltiplas competências organizacionais. Assim, o diagnóstico de sua estrutura organizacional e de seus principais recursos e processos críticos de negócio permite que os gestores das organizações compreendam suas reais possibilidades de sucesso.

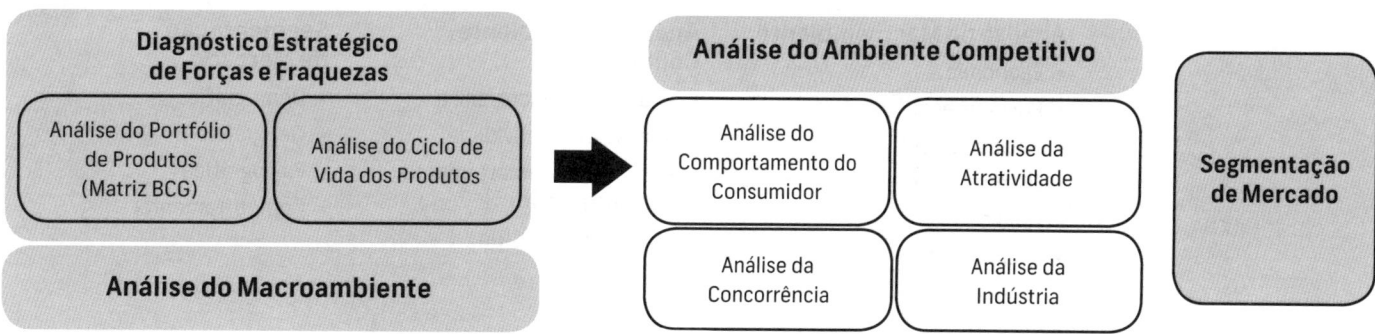

Figura 2 — Diagnóstico Estratégico

Nesse sentido, destaque especial deve ser dado à análise do portfólio de produtos e serviços comercializados pela empresa, pois ele representa a fonte geradora de receitas do negócio e define sua capacidade de entregar ao mercado soluções que satisfazem efetivamente às necessidades de seus clientes.

A gestão do portfólio de produtos e serviços da empresa constitui um processo crítico para o negócio. Entender a contribuição de cada produto e serviço para os resultados permite a tomada de decisões mais assertivas quanto a seu posicionamento, estratégias de comercialização, investimentos e até mesmo de saída de determinados segmentos de mercado que não se mostram mais atraentes.

Essa base de conhecimentos sobre a empresa servirá de subsídio importante para a etapa 2 do processo de Planejamento Estratégico de Marketing, quando se realizará a chamada Análise SWOT [4], além da aplicação de outras ferramentas de análise de mercado. Nessa etapa a organização começará a ter mais clareza de quais são os desafios de mercado que fará sentido enfrentar em função das vantagens competitivas geradas pelos pontos fortes do seu negócio, e quais talvez deverá abandonar se não for capaz de lidar com os pontos fracos que a deixam mais vulnerável.

Ainda nessa etapa de Diagnóstico Estratégico será desenvolvido o esforço complementar de entendimento das variáveis externas do ambiente de negócios, o qual se divide em três grandes momentos:

**4.** Análise que confronta os pontos fortes (*Strenghts*) e fracos (*Weaknesses*) internos da empresa com as oportunidades (*Opportunities*) e ameaças (*Threats*) externas do mercado.

### Análise do Macroambiente
- Economia
- Político-legal
- Sociocultural
- Demográfico
- Ambiental
- Tecnológico

### Análise do Ambiente Competitivo
- Análise da Concorrência
- Análise da Atratividade
- Análise do Comportamento do Consumidor
- Análise da Indústria

### Segmentação de Mercado
- Demográfica
- Geográfica
- Psicográfica
- Comportamental

**Exercício**

O processo de Planejamento Estratégico de Marketing tem início com:

a) As estratégias de marketing.
b) A formulação de metas.
c) O posicionamento de mercado.
d) O entendimento dos ambientes interno e externo.

*Resposta certa: (d)*

As dimensões da Análise do Macroambiente podem ser detalhadas de forma a entender que variáveis mais relevantes produzem efeitos positivos e negativos sobre os negócios da empresa, para a partir daí se delinear possíveis decisões a serem tomadas.

**Economia**
- Câmbio e balança comercial
- Crescimento do PIB e da renda
- Disponibilidade de crédito
- Inflação e confiança do consumidor
- Nível de produção e emprego

**Político-legal**
- Legislação e políticas governamentais
- Pressão de grupos organizados
- Alterações na composição das forças políticas
- Eleições
- Regulamentações setoriais

**Sociocultural**
- Preferências e gostos das pessoas
- Crenças e valores sociais
- Modo de vida: hábitos sociais, alimentares e de lazer
- Comportamentos de consumo
- Tendências

**REFERÊNCIAS**
KOTLER, PHILIP. *Administração de Marketing*. São Paulo, Pearson Prentice Hall. 2006.

### Demográfico
- Tamanho e taxa de crescimento da população
- Composição etária e étnica da população
- Grau de instrução
- Padrões familiares
- Movimentos geográficos da população
- Mobilidade social

### Ambiental
- Deterioração do ambiente natural
- Escassez de matérias-primas e água
- Aumento do custo de energia
- Pressões antipoluição
- Destinação de resíduos
- A economia verde

### Tecnológico
- Inovações tecnológicas
- Impacto da tecnologia sobre os processos da empresa
- Obsolescência tecnológica de equipamentos e produtos
- Novas fronteiras da tecnologia
- Possibilidades abertas pela internet

### Exercício

As organizações sofrem interferências externas incontroláveis do macroambiente. Elas afetam diretamente a gestão das empresas e o desenvolvimento dos negócios. Esse macroambiente é composto por quais variáveis?

a) Economia, políticas e leis, demografia, cultura, tecnologia e natureza.
b) Tecnologia, cultura, política, democracia, concorrentes e stakeholders.
c) Preço, distribuidores, demografia, cultura, fornecedores, consumidores.
d) Stakeholders, fornecedores, leis, tecnologia, natureza e pesquisa.

*Resposta certa: (a)*

Por sua vez, a Análise do Ambiente Competitivo requer a compreensão dos pontos fortes e fracos da concorrência, do comportamento do consumidor, do nível de atratividade dos mercados em que a empresa atua e da estrutura da indústria, de tal forma que as decisões de mercado sejam orientadas à maximização do aproveitamento das oportunidades e à mitigação das ameaças identificadas.

Os pontos fortes e fracos da concorrência podem ser analisados a partir da utilização de um modelo simples, chamado Grid Comparativo da Concorrência[5], em que cada um dos concorrentes rivais em determinado segmento de mercado é analisado comparativamente com base em critérios estabelecidos.

Dentre esses critérios, podem ser destacados alguns que tipicamente são utilizados em diferentes cenários competitivos:

- Mix de produtos
- Atratividade do preço
- Capacidade de entrega
- Estrutura relativa de custos
- Força da marca
- Infraestrutura física
- Domínio tecnológico
- Comunicação com o mercado
- Qualidade do atendimento
- Qualidade dos produtos e serviços
- Capacidade financeira, entre outros

**5.** Modelo que permite identificar os pontos fortes (vantagens competitivas) e fracos (vulnerabilidades) da empresa em relação a seus principais competidores em cada segmento de mercado.

Cabe observar que deve ser analisada a aderência desses critérios à realidade dos segmentos de mercado em que a empresa atua. Assim, os critérios podem ser adaptados, excluídos ou acrescentados, de forma a refletir melhor a dinâmica de competição entre as empresas existentes.

O pano de fundo da análise da concorrência é o entendimento de três aspectos fundamentais:

**Movimentos competitivos de cada concorrente** — identificar a probabilidade de sucesso das mudanças estratégicas que cada concorrente pode vir a adotar.

**Respostas aos movimentos dos concorrentes** — prever a resposta provável de cada concorrente aos movimentos estratégicos de outras empresas.

**Reações a mudanças** — estimar a provável reação de cada concorrente às alterações na Indústria e a mudanças ambientais que podem vir a ocorrer.

Cada um dos competidores estabelecidos em um segmento qualquer de mercado precisa monitorar continuamente as ações empreendidas pelos demais, sob pena de ver suas vantagens competitivas perdidas ou suas vulnerabilidades exploradas por empresas mais aptas em entender o comportamento dos mercados e mais ágeis na tomada de decisões.

### Desafio para discussão em equipe

Todos os principais concorrentes de sua empresa são conhecidos em profundidade e têm seus movimentos competitivos continuamente monitorados? As vantagens competitivas de cada participante do mercado são identificadas com clareza? As melhores práticas de gestão dos concorrentes são usadas como referência para o aperfeiçoamento do modelo de negócios de sua empresa?

**6.** O nível de atratividade de um mercado pode ser analisado usando-se a Matriz de Atratividade (ou Matriz GE), desenvolvida pela consultoria McKinsey nos anos 1970 e útil para apoiar decisões estratégicas.

Já o nível de atratividade[6] de cada segmento de mercado pode também ser analisado com base em um modelo de fatores pré-definidos, que da mesma forma requerem avaliação de sua aderência às características da competição no mercado em questão. Em geral, os fatores que determinam a atratividade de um mercado se relacionam às suas características estruturais.

O comportamento desses fatores, tais como os expostos a seguir, quando analisados conjuntamente, permite às empresas identificar o quanto determinados segmentos de mercado se mostram mais ou menos interessantes, devendo ou não ser priorizados pelas empresas em seu esforço de definição de objetivos, formulação estratégica e estabelecimento de ações estruturantes e de mercado.

- Barreiras de entrada e de saída
- Ciclo de vida do segmento
- Condições sociais, políticas e legais
- Intensidade da competição
- Nível de investimento requerido e risco
- Rentabilidade histórica
- Tamanho do mercado
- Taxa de crescimento do mercado
- Tecnologia exigida e intensidade das mudanças, entre outros

Por sua vez, a Análise do Comportamento do Consumidor requer que sejam identificados quem são, o que querem e quais são as motivações, necessidades e expectativas dos clientes potenciais e atuais que as empresas atendem ou desejam atender.

O comportamento de compra dos consumidores é influenciado por suas diversas características culturais, sociais, pessoais e psicológicas. Como interpretá-las e analisar seu impacto sobre as organizações é um passo importante no entendimento do ambiente competitivo de negócios.

Qualquer empresa só desenvolverá um modelo de negócio bem-sucedido se for capaz de entregar valor aos clientes que pretende atender. E essa proposta de valor precisa estar sintonizada com as dores que os consumidores esperam ver resolvidas e com os ganhos que eles desejam obter pelo consumo dos produtos e serviços comercializados pela empresa.

O grande desafio das empresas no entendimento do comportamento do consumidor está exatamente em perceber como podem promover um encaixe perfeito entre o que oferecem e aquilo que os clientes esperam receber. Assim, é preciso ter evidências de que os produtos e serviços que as empresas levam ao mercado aliviam as dores ou geram ganhos para os clientes, e que de fato criam valor que eles são capazes de reconhecer.

Por fim, a Análise da Indústria pode ser realizada com base no Modelo das Forças Competitivas de Michael Porter, o qual pressupõe que a natureza e a intensidade da concorrência são condicionadas pela dinâmica e interação das forças competitivas da indústria, não se limitando às empresas participantes já existentes no mercado.

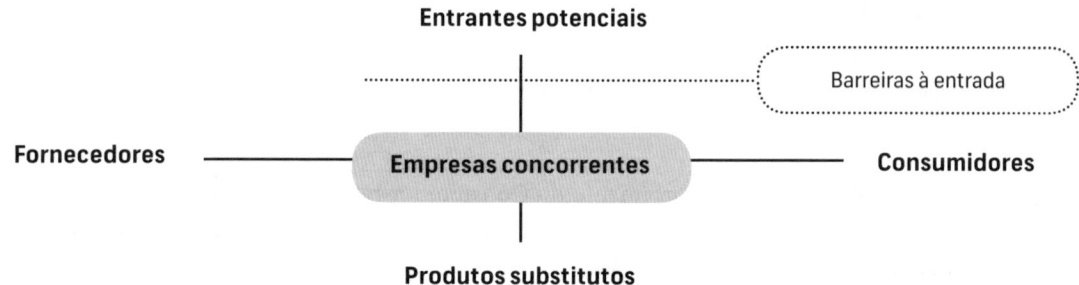

**REFERÊNCIA**
PORTER, MICHAEL E. *Estratégia Competitiva — Técnicas para Análise de Indústrias e da Concorrência.* Rio de Janeiro, Campus. 1991.

*Figura 3 — Modelo das Forças Competitivas de Porter*

A influência dos entrantes potenciais decorre de sua capacidade efetiva de romper as barreiras à entrada no mercado. Essas barreiras se manifestam de várias formas e estão relacionadas, por um lado, às características estruturais do mercado, e por outro, aos movimentos competitivos preventivos que os competidores já estabelecidos podem adotar.

| Barreiras à entrada ||
|---|---|
| Economia de escala | Propriedade intelectual |
| Diferenciação do produto | Acesso a recursos estratégicos |
| Necessidades de capital | Subsídios oficiais |
| Custos de mudança | Curva de experiência |
| Canais de distribuição | Política governamental |

*Figura 4 — Barreiras à Entrada de Novos Competidores (Modelo das Forças Competitivas de Porter)*

A rivalidade entre os competidores estabelecidos é uma consequência da interação de vários fatores e dos movimentos competitivos adotados por cada um que influenciam os processos de tomada de decisão de todas as empresas atuantes. A intensidade dessa competição é explicada pelo número de concorrentes existentes, pela taxa de crescimento do mercado, pela necessidade de lidar com custos fixos elevados, pela existência de barreiras de saída elevadas e também pela ausência de diferenciação ou custos de mudança entre as empresas.

Por sua vez, quanto mais atrativa a alternativa de custo/benefício oferecida pelos produtos substitutos, maior será a pressão sobre os resultados das empresas concorrentes. Os competidores estabelecidos precisam entender que todo produto ou serviço capaz de oferecer os mesmos benefícios, mesmo que de formas completamente diferentes, representa um concorrente em potencial.

Trata-se de uma concorrência muito mais ampla do que os concorrentes diretos que estão na mesma indústria, aumentando-se assim a complexidade da análise e do entendimento das ações a serem empreendidas para o adequado posicionamento estratégico de qualquer empresa no mercado.

Já os fatores e condições gerais que contribuem para aumentar o poder de barganha dos consumidores e dos fornecedores também afetarão a competitividade das empresas estabelecidas, devendo ser analisados quanto aos impactos efetivos que podem causar sobre a dinâmica do mercado de um modo geral.

**REFERÊNCIAS**
OSTERWALDER, A. & PIGNEUR, Y. *Business Model Generation — Inovação em Modelos de Negócios.* Rio de Janeiro, Alta Books. 2011.

OSTERWALDER, A. et all. *Value Proposition Design — Como construir propostas de valor inovadoras.* São Paulo, HSM. 2014.

| Poder de pressão dos consumidores | Poder de pressão dos fornecedores |
|---|---|
| Concentração de compradores e/ou de grandes volumes | Concentração de fornecedores |
| Demanda por produtos padronizados | Ameaça de integração para a frente |
| Custo relativo elevado das aquisições | Ausência de grandes compradores |
| Baixo custo de mudança | Insumo fundamental |
| Ameaça de integração para trás | Diferenciação de produto ou custos de mudança |
| Baixa lucratividade | Ausência de produtos substitutos |

*Figura 5 — Pressão de Consumidores e Fornecedores sobre os Concorrentes Estabelecidos (Modelo das Forças Competitivas de Porter)*

### Exercício

Segundo o modelo de Porter, quais são as forças competitivas da Indústria que podem ameaçar ou gerar vantagens às empresas participantes?

a) Concorrência, diferenciação, liderança total de custos, poder de barganha de compradores e enfoque.
b) Diferenciação, enfoque, liderança total de custos e ameaça de novos entrantes.
c) Concorrência, poder de barganha de compradores, poder de barganha de fornecedores, ameaça de novos entrantes, ameaça de produtos substitutos.
d) Concorrência, diferenciação, enfoque e ameaça de novos entrantes.

*Resposta certa: (c)*

Por sua vez, os mercados podem ser segmentados em função da identificação de subconjuntos distintos de clientes que se comportam de maneira semelhante ou que apresentam necessidades e preferências comuns. Para as empresas, o potencial de geração de negócios de cada segmento de mercado depende de sua mensurabilidade, de sua acessibilidade, de seu tamanho e taxa de crescimento, da viabilidade da operação e de sua rentabilidade potencial.

A segmentação de mercado usando critérios demográficos pode ser feita por sexo, idade, raça, renda ou classe social, por exemplo. Se forem usados critérios geográficos, os consumidores podem ser agrupados por países, estados, regiões, cidades, bairros, comunidades ou localidades específicas.

Já a segmentação psicográfica baseia-se na divisão dos consumidores por seu estilo de vida, personalidade e valores, permitindo classificá-los como inovadores, experimentadores, conservadores, empreendedores, céticos, entre outras características que permitam identificar grupos relevantes.

E por fim, a segmentação comportamental, onde os consumidores podem ser identificados por seu status de usuário (não usuário, ex-usuário, usuário, usuário potencial, usuário iniciante, usuário regular e *heavy user*), pelo papel decisório no processo de compra (iniciador, influenciador, decisor, comprador e usuário), pelas atitudes em relação ao produto ou serviço (entusiasta, positiva, indiferente, negativa e hostil), pelo grau de envolvimento com o produto ou serviço (desconhecimento, conhecimento, interesse, desejo e com intenção de compra), entre outros.

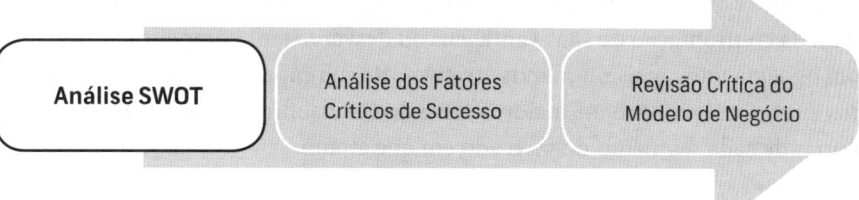

*Figura 6 — Análise Estratégica*

Para cada um desses diferentes segmentos de consumidores identificados, a abordagem mercadológica e comercial adotada pela empresa pode ser distinta. Produtos com características próprias e exclusivas para cada segmento, decisões de precificação apropriadas para a realidade de cada grupo de consumidores, localização dos pontos de venda de acordo com o perfil dos clientes, e comunicação realizada para alcançar cada público-alvo do modo como cada um é sensibilizado.

### Exercício

Segmentação em marketing significa:

a) A divisão de ações de marketing de forma estratégica.
b) A divisão do mercado consumidor por características semelhantes.
c) A divisão de produtos em segmentos e linhas de produtos.
d) A divisão da empresa por unidades de negócios.

Resposta certa: (b)

Assim, as decisões estratégicas tomadas pelas empresas para sua atuação junto aos diferentes mercados dependem da confrontação de suas vantagens ou desvantagens competitivas com as características que tornam os segmentos mais ou menos atrativos, de sua capacidade para entregar aos consumidores produtos e serviços que tenham maior valor e de sua habilidade para lidar com a estrutura e a dinâmica próprias de cada segmento de mercado em que atuam.

# 4. Análise Estratégica

A ETAPA DE ANÁLISE ESTRATÉGICA DO PROCESSO de Planejamento Estratégico de Marketing se inicia com a realização da Análise SWOT (*Strengths, Weaknesses, Opportunities, Threats*). Trata-se de uma ferramenta que permite a consolidação de todo o esforço de diagnóstico estratégico realizado até então.

Nessa etapa, a organização começa a ter mais clareza de quais são os desafios de mercado que fará sentido enfrentar em função das vantagens competitivas geradas pelos pontos fortes de seu negócio, e quais talvez deverá abandonar se não for capaz de lidar com os pontos fracos que a deixam mais vulnerável.

|  | Ponto forte A | Ponto forte B | Ponto forte C | Ponto fraco A | Ponto fraco B | Ponto fraco C |
|---|---|---|---|---|---|---|
| Oportunidade A | **Alavancas**<br>*capitalizar VANTAGENS COMPETITIVAS* | | | **Restrições**<br>*oportunidades de MELHORIAS* | | |
| Oportunidade B | | | | | | |
| Oportunidade C | | | | | | |
| Ameaça A | **Defesas**<br>*reforçar PROTEÇÕES contra ameaças* | | | **Problemas**<br>*mudança para ELIMINAR vulnerabilidades* | | |
| Ameaça B | | | | | | |
| Ameaça C | | | | | | |

*Figura 7 — Análise SWOT*

O entendimento das forças e fraquezas do negócio e sua confrontação com as oportunidades e ameaças do ambiente externo permitem que as empresas identifiquem as alavancas do negócio que potencializam o aproveitamento das oportunidades, as defesas que as protegem das ameaças, as restrições que as impedem de avançar e os problemas mais graves que as deixam vulneráveis diante das pressões do mercado.

Importante frisar que a etapa seguinte do processo de Planejamento Estratégico de Marketing, quando os objetivos estratégicos são definidos e as estratégias de atuação no mercado são formuladas, está intrinsecamente relacionada aos resultados obtidos na análise SWOT. Isso porque a etapa de análise estratégica permite priorizar inicialmente quais objetivos devem ser estabelecidos para que as vantagens do negócio sejam potencializadas, e suas fragilidades, enfrentadas.

A etapa de Análise Estratégica então produz o entendimento da realidade, dos cenários atuais e futuros e das possibilidades da empresa diante do ambiente de negócios. A partir daí são definidos os alvos que se pretendem alcançar e o estado futuro desejado que a empresa pretende materializar.

### Exercício

São possíveis fontes de oportunidades e ameaças para uma organização a serem consideradas na análise da matriz SWOT:

a) Distribuição de renda da população, políticas educacionais do país, novidades tecnológicas e movimentos da concorrência.
b) Distribuição de renda da população, políticas educacionais do país, recursos da organização e mudanças climáticas.
c) Distribuição de renda da população, políticas educacionais do país, vantagens competitivas da organização e movimentos da concorrência.
d) Distribuição de renda da população, recursos da organização, vantagens competitivas da organização e novidades tecnológicas.

*Resposta certa: (a)*

Nesse processo, relacionado ao esforço de realização da Análise SWOT, também é importante que a empresa identifique quais são os fatores críticos determinantes para o sucesso nos mercados de atuação, sem os quais o enfrentamento bem-sucedido dos desafios existentes será muito pouco provável.

Fatores críticos de sucesso podem estar associados a inúmeros aspectos da gestão e precisam ser entendidos sistemicamente em todas as conexões que possam ser estabelecidas entre:

- Diferenciação do produto
- Logística de distribuição
- Tecnologias de produção
- Preço competitivo
- Capital para investimento
- Localização industrial
- Pontos de venda
- Suprimento de matérias-primas
- Mão de obra qualificada, entre outros

Paralelamente, todo o esforço de análise estratégica realizado contribui para que cada empresa encontre as melhores referências de boas práticas de gestão, dentro e fora de seus mercados de atuação. A prática do *benchmarking* [7] faz com que os competidores percebam formas de otimizar seus recursos e reduzir o tempo necessário para trilhar a curva de experiência e aprendizado para atuação nos mercados em que a empresa opera ou pretende estar.

Nessa transição para a etapa de Planejamento Estratégico, a empresa passa a fazer uso das informações de mercado até então colhidas e analisadas para fundamentar a definição dos objetivos que pretende alcançar e das estratégias que adotará para chegar ao estado futuro desejado.

E que visão de futuro é essa que a empresa constrói para seus mercados e sobre como pretende atuar neles? Como a empresa espera ser reconhecida por seus clientes e como espera se diferenciar de seus concorrentes? Que papel a empresa espera desempenhar nesses mercados e que propósitos guiam sua atuação? Qual a razão da presença da empresa nesses mercados? Como participante nesses mercados, a empresa entrega valor suficiente para justificar sua existência como um player relevante?

A realização da Análise SWOT fornece ainda inúmeros subsídios para que a empresa revise seu modelo de negócio, pois é necessário entender se as necessidades dos clientes são plenamente atendidas

**7.** A prática do *benchmarking* pode se voltar para os competidores diretos da empresa, para empresas de mercados diferentes e também para áreas e unidades de negócios diversas na própria empresa.

e se os benefícios proporcionados pela empresa são suficientes para manter sua fidelidade ao negócio. O que a empresa oferece ao mercado é exatamente aquilo que ele está interessado em receber? O modelo de negócios em vigor ainda é robusto e faz sentido? A empresa ainda oferece a seus clientes uma proposta de valor atraente? Ou terá que ser modificada para garantir a sustentabilidade do negócio?

A reflexão provocada por esses questionamentos ajudará a empresa a encontrar respostas que criarão uma identidade organizacional necessária para a etapa de planejamento estratégico que se seguirá. Um entendimento claro de sua visão de futuro para o negócio e de sua missão institucional fará com que a empresa tenha mais coerência nas decisões que tomará para planejar em termos concretos sua atuação nos mercados em que atua ou pretende atuar.

# 5. Planejamento Estratégico

A ETAPA DE PLANEJAMENTO ESTRATÉGICO marca uma transição importante. Todo o esforço de análise estratégica do mercado, do entendimento do ambiente externo de negócios e da compreensão da realidade da empresa, de suas possibilidades e limitações, é consolidado na Análise SWOT.

Se encerra com a Análise SWOT uma fase de busca e análise de informações para dar lugar à fase subsequente de processamento dessas informações, servindo as conclusões obtidas de subsídio para apoiar diferentes processos de tomada de decisão, tendo como referência a revisão crítica do modelo de negócios da empresa, quando a consistência das fontes atuais de geração de receitas é avaliada em alinhamento com a proposta de valor entregue aos diferentes clientes atendidos.

```
Posicionamento  →  Definição de Objetivos,  →  Formulação  →  Seleção do Portfólio
de Mercado          Indicadores e Metas         Estratégica     de Projetos

Elaboração de Balanced Scorecard
(Mapa Estratégico)
```

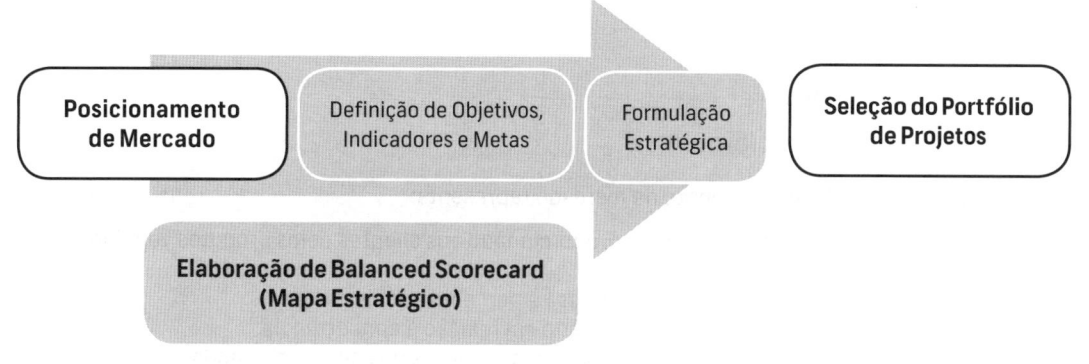

*Figura 8 — Planejamento Estratégico*

Em mercados cada vez mais competitivos e voláteis, ser reconhecido pelos consumidores de modo claro e distinto e dar aos colaboradores internos um direcionamento estratégico mais efetivo exige das empresas um posicionamento[8] claro que projete ao mercado suas vantagens competitivas, e isso pode assumir diferentes formas em relação ao que a empresa pretende enfatizar.

**8.** Posicionamento é a ação de projetar na mente do consumidor uma percepção clara da imagem e do conceito dos produtos e serviços da empresa, a fim de maximizar sua vantagem competitiva.

Diferentes estratégias de posicionamento podem ser adotadas pelas empresas:

**Por atributo** — atributos distintivos dos produtos vendidos (o maior carro da categoria).

**Por benefício** — benefícios e valores intrínsecos dos produtos (o carro mais seguro da categoria).

**Por uso** — uso para um determinado fim (o melhor tênis para corrida).

**Por usuário** — grupo-alvo de usuários (o melhor computador para designers gráficos).

**Por concorrente** — comparação com os concorrentes (o único suco sem conservantes).

**Por categoria** — liderança da categoria (o sabão em pó preferido dos consumidores).

**Por qualidade** — maior qualidade do produto (o relógio de qualidade superior).

**Por preço** — preço mais baixo (o supermercado com os melhores preços).

---

### Exercício

Posicionamento de mercado representa:

a) O valor agregado proporcionado aos clientes pelos produtos vendidos pela empresa.
b) A forma como a empresa é percebida pelos clientes.
c) Participação no mercado em relação à concorrência.
d) Estratégia de colocação dos produtos nos pontos de venda.

*Resposta certa: (b)*

Percebe-se que para cada produto ou serviço do portfólio[9] da empresa, diferentes estratégias de posicionamento podem ser adotadas, de acordo com as características do segmento de mercado, levando-se em conta sua estrutura geral e o comportamento dos consumidores e dos principais concorrentes.

> **Desafio para discussão em equipe**
>
> Sua equipe consegue reconhecer empresas atuantes em diferentes segmentos de mercado que adotam qualquer uma das estratégias de posicionamento acima? E em sua empresa, como os diferentes produtos e serviços são posicionados em relação às diversas ofertas concorrentes no mercado? Você acredita que seus clientes atuais e potenciais percebem com clareza o posicionamento adotado?

O passo seguinte envolve a definição dos objetivos que a empresa espera alcançar diante dos desafios de mercado que foram identificados. Os objetivos precisam ser definidos de forma adequada segundo alguns critérios que permitam sua rastreabilidade e monitoramento, representando parâmetros úteis para a avaliação de desempenho da gestão.

Assim, os objetivos precisam ser estabelecidos de acordo com critérios SMART[10]:

**Específicos** — delimitados com clareza, definindo-se alvos concretos e não genéricos que se pretende alcançar.

**Mensuráveis** — permitindo derivar metas quantitativas, cujo alcance demonstra a eficácia da gestão.

---

**9.** Portfólio aqui deve ser entendido como o conjunto de produtos e serviços comercializados pela empresa ou de projetos que ela desenvolve visando o alcance de seus objetivos estratégicos.

**10.** Objetivos definidos de acordo com critérios SMART: S (*Specific*) — M (*Measurable*) — A (*Achievable*) — R (*Relevant*) — T (*Time bounded*).

**Alcançáveis** — representando alvos realistas, que de fato podem motivar e engajar as pessoas na busca por sua realização.

**Relevantes** — traduzindo desafios que exigem o melhor das pessoas e a materialização de seu potencial de contribuição.

**Limitados no tempo** — tendo um horizonte de tempo limitado para o seu alcance, e, assim, um limite para a mobilização dos recursos utilizados.

A cada um dos objetivos definidos precisam ser associados metas e indicadores de avaliação, permitindo o monitoramento ao longo do tempo do quanto o desempenho medido se aproxima do desempenho desejado pela empresa. Essa é uma premissa fundamental para que o planejamento e a gestão estratégica funcionem de modo complementar, pois não há como gerenciar se não houver controle. E só é possível controlar de modo efetivo com base em indicadores de performance e metas.

Assim, pode ser desenvolvido um Mapa Estratégico de objetivos, metas e indicadores, com base na metodologia do Balanced Scorecard (BSC), que se traduz na forma de um painel multidimensional de orientação e controle da gestão estratégica da empresa, estabelecendo-se todos os alvos relevantes a serem perseguidos e os meios pelos quais se medirá o sucesso da empresa em atingi-los.

O Balanced Scorecard representa, assim, um modelo de gestão que auxilia as empresas a traduzir as diretrizes gerais do negócio em objetivos, indicadores, metas, planos de ação e projetos para toda a organização. O BSC permite a construção de um Mapa Estratégico de objetivos, metas e indicadores que direcionam a performance dos colaboradores e os mantém alinhados às estratégias que serão estabelecidas para permitir o alcance dos objetivos do negócio.

Nesse sentido, diferentes estratégias de mercado podem ser formuladas e combinadas para viabilizar o alcance dos objetivos do negócio. As estratégias, classificadas de acordo com determinados critérios, podem ser agrupadas para facilitar sua compreensão conceitual e o entendimento de seu alcance prático para a realização dos objetivos empresariais.

**REFERÊNCIAS**
KOTLER, PHILiP. *Administração de Marketing*. São Paulo, Pearson Prentice Hall. 2006.

TZU, SUN. *A Arte da Guerra*. São Paulo. Geração Editorial. 2012.

**REFERÊNCIA**
KAPLAN, ROBERT S. & NORTON, DAVID P. *A Estratégia em Ação — Balanced Scorecard*. Rio de Janeiro, Campus. 1997.

Uma tipologia para classificação das estratégias de negócios pode ser assim definida:

**Estratégias de Crescimento Intenso**
- Penetração de mercado
- Desenvolvimento de mercado
- Desenvolvimento de produto
- Diferenciação de produto

**Estratégias de Crescimento Integrado**
- Integração para trás
- Integração para a frente
- Integração horizontal

**Estratégias de Crescimento Diversificado**
- Diversificação concêntrica
- Diversificação horizontal
- Diversificação global

**Estratégias de Defesa de Mercado para Líderes**
- Inovação contínua
- Defesa de posição
- Defesa de flanco
- Defesa antecipada
- Defesa contraofensiva
- Defesa de contração
- Liderança no custo total

**Estratégias para Desafiantes de Mercado**
- Enfoque em Custos
- Enfoque em Diferenciação
- Ataque de flanco
- Ataque frontal

A formulação das estratégias representa a definição de direções a serem seguidas pela empresa, a fim de orientar a utilização dos recursos necessários para que os objetivos sejam alcançados, de acordo com as condições existentes no mercado.

Para tangibilizar a implementação das estratégias formuladas, a empresa desenvolve diferentes projetos e planos de ação, nos quais seus recursos são efetivamente alocados e utilizados — financeiros, pessoas, tecnologia, informações, entre outros —, a fim de mobilizar as atividades geradoras de valor para o negócio. Assim, o planejamento estratégico trata de priorizar iniciativas e otimizar os recursos organizacionais da empresa para que seus objetivos sejam alcançados.

> **Exercício**
>
> A estratégia de diferenciação consiste em:
>
> a) Eleger membros da equipe com perfis diferenciados.
> b) Oferecer ao mercado produtos diferentes.
> c) Obter uma vantagem competitiva com um diferencial claro e exclusivo.
> d) Oferecer aos clientes alternativas aos concorrentes.
>
> Resposta certa: (c)

Tantos os projetos quanto os planos de ação desenvolvidos precisam guardar o maior grau de alinhamento possível com a estratégia do negócio. Aqueles que mais contribuem para a geração de valor à organização e a seus diferentes *stakeholders*[11] serão candidatos mais fortes para fazerem parte do portfólio de projetos e do plano de trabalho a ser implementado pela organização.

**11.** *Stakeholders* são todas as partes interessadas no negócio, pessoas e organizações, que podem influenciar a empresa ou ser impactadas por sua dinâmica de funcionamento.

# 6. Planejamento de Ações Estruturantes

AS AÇÕES ESTRUTURANTES SE RELACIONAM às decisões a serem tomadas sobre as operações produtivas, financeiras, de logística, recursos humanos, entre outras dimensões atreladas às decisões de mercado tomadas pela empresa.

As ações estruturantes precisam ser tratadas com base em uma visão sistêmica da gestão. É preciso lançar um olhar para a empresa como um todo e sobre as diversas interações existentes em sua estrutura organizacional e modo de funcionamento interno. Entender a integração das diferentes áreas na implementação dos processos internos permite a identificação das oportunidades de melhoria e das lacunas de recursos existentes. As ações estruturantes atuam exatamente sobre esses aspectos, a fim de aumentar a eficiência e a eficácia[12] do negócio.

Entre outras, essas ações estruturantes podem representar iniciativas para:

- Adquirir novas máquinas e equipamentos.
- Implantar um novo processo produtivo.
- Aperfeiçoar funcionalidades do sistema de gestão administrativa.
- Selecionar novos colaboradores para uma equipe de projeto.
- Otimizar as rotas de distribuição de produtos.
- Modificar a logística de suprimentos.

**12.** Eficiência significa fazer melhor uso dos recursos disponíveis (fazer certo, mais rápido e/ou mais barato), enquanto eficácia significa atingir os resultados planejados (fazer a coisa certa).

Assim, todas as ações estruturantes precisam ser analisadas, selecionadas e priorizadas de acordo com critérios que preservem seu alinhamento às estratégias do negócio e que contribuam para fortalecer as ações de mercado empreendidas, de tal maneira que a empresa efetivamente alcance seus objetivos de mercado.

# 7. Planejamento de Ações de Mercado

AS AÇÕES DE MERCADO SÃO VOLTADAS para a definição e implementação do composto mercadológico[13] do negócio. Essas ações integram as decisões sobre os produtos e serviços da empresa, sua precificação e a forma como são comunicados, vendidos e distribuídos aos clientes.

Não se pode perder de vista essa integração, pois todos os elementos do composto mercadológico precisam guardar coerência entre si, sob pena de comprometer a estratégia do negócio e a eficácia das decisões do ponto de vista comercial, seus efeitos sobre as vendas, o posicionamento de mercado, o reforço das marcas, entre outros objetivos do negócio.

Essas ações de mercado podem dizer respeito, entre outras, a:

- Implementar uma nova política de preços.
- Aumentar os percentuais de descontos concedidos.
- Reduzir os preços de tabela dos produtos.
- Introduzir um novo elemento no serviço prestado.
- Realizar uma ação promocional nos pontos de venda.
- Intensificar a comunicação nas mídias digitais.
- Otimizar os roteiros de distribuição dos produtos.
- Expandir o horário da oferta dos serviços.

**13.** O composto mercadológico também é conhecido por "marketing mix" ou "4 Ps do marketing", e reúne o conjunto de decisões que a empresa deve tomar para implementar suas estratégias de mercado.

Assim, os elementos do composto mercadológico tangibilizam a forma como a empresa pretende satisfazer as necessidades de seus clientes, devendo representar, assim, as fontes geradoras de vantagens competitivas para seus negócios.

### Exercício

Os elementos do composto de marketing podem impactar de diferentes maneiras o processo de compra dos consumidores. Sobre que variáveis então a empresa deve atuar nesse sentido?

a) Operações, áreas de apoio, cobrança e logística.
b) Produto, preço, distribuição e comunicação.
c) Merchandising, garantia, assistência técnica e segurança.
d) Propaganda, serviços agregados, serviços de atendimento ao cliente e vendedores.

*Resposta certa: (b)*

## 8. Elaboração do 5W2H e Orçamentação

O DETALHAMENTO DOS PLANOS DE AÇÃO estruturantes e de mercado na forma de um planejamento operacional representa uma etapa essencial para o subsequente processo de elaboração do orçamento. O planejamento estratégico de qualquer organização precisa resultar na alocação mais eficiente e racional possível dos recursos às diferentes iniciativas a serem empreendidas, e essa alocação de recursos se explicita pelo processo de orçamentação.

Os recursos alocados aos planos de ação e projetos desenvolvidos pela empresa é que efetivamente permitirão que as atividades planejadas sejam desenvolvidas, as estratégias sejam implementadas e os objetivos de negócios sejam perseguidos. É por meio das atividades concretamente realizadas por pessoas com o apoio de recursos materiais das mais variadas naturezas que as estratégias de negócios são materializadas na forma de planos de ação e projetos.

Assim, o 5W2H representa um dos instrumentos que pode se mostrar bastante simples e útil para apoiar essa finalidade, respondendo às seguintes questões:

**What (o que será feito?)** — que atividades serão efetivamente realizadas?

**Why (por que será feito?)** — por que essas atividades serão executadas?

**Where (onde será feito?)** — onde as atividades serão executadas?

**When (quando?)** — quando as atividades serão executadas?

**Who (por quem será feito?)** — quem serão os responsáveis pela execução das atividades?

**How (como será feito?)** — com que métodos e recursos as atividades serão executadas?

**How much (quanto vai custar?)** — quanto as atividades vão custar para serem realizadas?

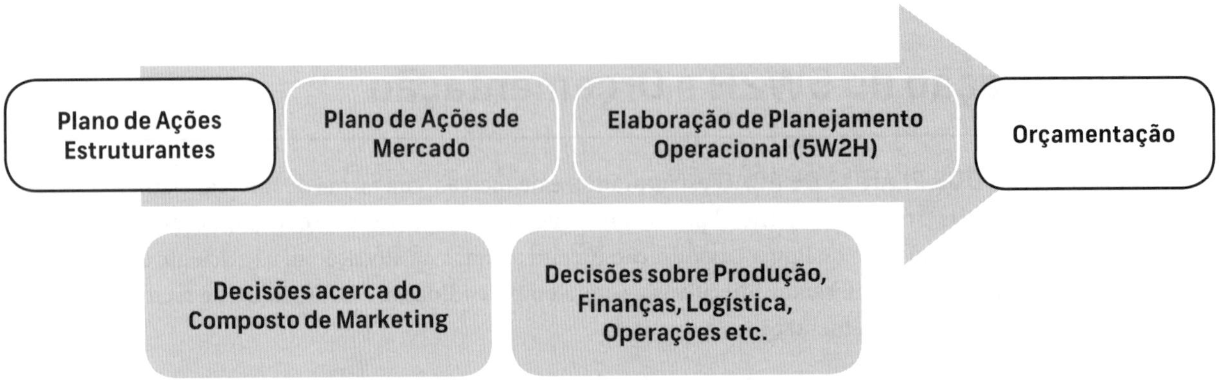

```
[Plano de Ações Estruturantes] → [Plano de Ações de Mercado] → [Elaboração de Planejamento Operacional (5W2H)] → [Orçamentação]

       ↓                                ↓
Decisões acerca do              Decisões sobre Produção,
Composto de Marketing           Finanças, Logística,
                                Operações etc.
```

*Figura 9 — Planejamento Operacional e Orçamentação*

Ao concluir a elaboração do 5W2H, a empresa obtém uma visão abrangente e completa de como os seus recursos são utilizados, consolidando assim, o processo de priorização de suas ações, pressuposto básico do processo de planejamento empregado em qualquer organização.

---

### Desafio para discussão em equipe

Está claro para você e sua equipe que o planejamento é um processo decomposto em várias etapas, desde a consolidação de uma visão estratégica dos ambientes de negócio até seu desdobramento em decisões e ações operacionais? É possível perceber a importância desse processo para que a empresa se torne mais assertiva, diminua o grau de incerteza em que está inserida e gerencie melhor os riscos envolvidos na gestão estratégica e mercadológica?

# PARTE 2
*O CANVAS DO PLANO ESTRATÉGICO DE MARKETING*

# 9. Metodologia de Construção do CANVAS

A CONSTRUÇÃO DO CANVAS do Plano Estratégico de Marketing é um processo incremental que exige a mobilização de todos os stakeholders envolvidos e de todas as informações colhidas nas etapas de diagnóstico e análise de mercado, necessárias para a definição de objetivos, para a formulação de estratégias de negócios e para subsidiar a concepção do composto mercadológico.

Cada um dos componentes do CANVAS é construído passo a passo com base em uma estrutura de tópicos a serem seguidos para dar corpo e coerência ao quadro final desenvolvido. Assim, cada componente apresenta:

- O que se pretende atingir
- Conteúdo a ser desenvolvido
- Questões a serem respondidas
- Instruções de preenchimento
- Como aplicar

Neste capítulo a metodologia de construção do CANVAS é desenvolvida seguindo uma ordem lógica de elaboração, apesar de ser necessário ressaltar que, como processo iterativo, este se sujeita a movimentos de idas e vindas, de constante atualização de informações decorrente da dinâmica dos mercados e da própria organização em si.

Trata-se, portanto, de um processo contínuo de elaboração que exige permanente revisão de elementos já desenvolvidos e sua atualização com base em novos inputs e na reinterpretação de informações já obtidas pelo esforço de inteligência de mercado realizado.

Em cada uma das etapas de construção do CANVAS é desenvolvida uma parte de um grande estudo de caso, as quais vão se somando, dando origem, ao final, a um exemplo completo de um Plano Estratégico de Marketing para ilustrar o objetivo pretendido por este livro, potencializando seus resultados e enriquecendo o aprendizado dos leitores.

A opção pela metodologia do CANVAS se baseia nos seguintes critérios derivados da possibilidade de consolidar em um quadro esquemático as principais dimensões do planejamento de marketing:

**Visual** — facilita a construção do plano, torna mais evidente o resultado final e permite que o leitor avance com mais segurança.

**Didático** — torna o processo mais intuitivo e prático a partir do uso de uma sequência passo a passo de elaboração do plano.

**Iteratividade** — permite o entendimento e a vivência da natureza sistêmica, integradora e incremental do processo de desenvolvimento do plano.

Sem abrir mão da construção textual do plano, que precisa estar presente, mas valorizando o desenvolvimento do esquema gráfico e visual proposto, a metodologia do CANVAS permite ao leitor obter um resultado extremamente satisfatório, mais facilmente acessível e de mais fácil compreensão pelas equipes de trabalho e demais stakeholders envolvidos, além de tornar mais viável a replicação do método em outros desafios semelhantes.

Como já exposto, este é um livro feito para quem precisa dominar rapidamente uma metodologia de trabalho sem deixar de lado a necessária fundamentação teórico-conceitual. Não é um livro para aprofundar conhecimentos sobre planejamento estratégico de marketing, apesar de permitir amplo embasamento sobre o tema, e sim uma obra cujo propósito é ensinar a fazer, simplificando o processo e tornando muito tangíveis os resultados concretos que podem ser obtidos.

# PARTE 3
## DIAGNÓSTICO ESTRATÉGICO DA EMPRESA E DO MERCADO

## 10. Diagnóstico Estratégico de Forças e Fraquezas Internas

O DIAGNÓSTICO ESTRATÉGICO CONSTITUI um esforço de entendimento da realidade da empresa. O conhecimento dos recursos, competências e habilidades disponíveis que tornam as organizações mais ou menos competitivas e aptas a enfrentar os desafios de mercado é necessário para que os objetivos possam ser definidos de modo realista, o que requer então que todas as dimensões do negócio, não somente aquelas diretamente relacionadas com as ações voltadas ao mercado, sejam devidamente conhecidas em profundidade.

A eficácia das ações mercadológicas requer a utilização das múltiplas competências organizacionais. Portanto, é preciso entender sistemicamente o negócio, realizando o diagnóstico integrado das principais dimensões da organização, identificadas a seguir, permitindo aos gestores das organizações compreender melhor suas reais possibilidades de sucesso.

- Modelo de negócio
- Pensamento estratégico[14]
- Estrutura organizacional
- Processos internos
- Tecnologias empregadas
- Práticas de gestão de pessoas

### O que se pretende atingir:

- Identificar os pontos fortes e fracos da empresa.
- Conhecer as potencialidades e limitações estruturantes da empresa.
- Entender seu modelo de gestão.

**14.** Pensar estrategicamente difere de planejar estrategicamente. O primeiro se refere à reflexão sobre cada um dos componentes do planejamento, enquanto o segundo trata de definir seu conteúdo concreto.

## Conteúdo a ser desenvolvido:

Para cada dimensão do diagnóstico, as principais características, forças e fraquezas da empresa devem ser identificadas, distinguindo claramente em que ela apresenta competências distintivas e onde ela demonstra lacunas em relação às boas práticas de mercado.

### Modelo de negócio
- Segmentos de clientes atendidos
- Proposta de valor — benefícios, produtos e serviços entregues aos clientes
- Canais de comunicação, comercialização e entrega
- Relacionamento com clientes
- Fontes de receita da empresa a partir dos clientes atendidos
- Recursos-chave necessários para a operação do negócio
- Atividades e processos-chave necessários para a operação do negócio
- Parcerias-chave provedoras de recursos para a operação do negócio
- Estrutura de custos para a operação do negócio

### Pensamento estratégico orientado a mercado
- Inteligência de mercado desenvolvida
- Visão, missão e valores declarados
- Posicionamento do negócio estabelecido
- Objetivos, indicadores e metas estabelecidos
- Estratégias de mercado formuladas
- Composto mercadológico elaborado
- Planejamento de ações comerciais
- Projetos desenvolvidos
- Planos de trabalho implementados

### Estrutura organizacional
- Nível de flexibilidade e adaptabilidade ao ambiente externo
- Grau de integração interna
- Alinhamento do desenho organizacional com a estratégia
- Articulação da área de marketing com as demais áreas
- Instalações, equipamentos e demais elementos estruturantes de suporte

## Processos internos

- Definição formal e padronização dos processos
- Adequação dos processos às demandas do negócio
- Nível de eficiência operacional dos processos
- Alinhamento organizacional dos processos de gestão mercadológica
- Avaliação de desempenho dos processos baseada em indicadores

## Tecnologias empregadas

- Sistemas de gestão do relacionamento com os clientes
- Sistemas de apoio à tomada de decisões estratégicas
- Sistemas de comércio eletrônico
- Comunicação por meio de mídias sociais
- Integração dos sistemas gerenciais
- Adequação da infraestrutura e dos recursos tecnológicos

## Práticas de gestão de pessoas

- Meios de atração, recrutamento e seleção de talentos
- Desenho apropriado de cargos e funções e do Plano de Carreira
- Nível de qualificação e desenvolvimento das equipes
- Gestão do conhecimento e de competências internas
- Nível de qualidade de vida no trabalho
- Métodos de avaliação de desempenho e feedback
- Modelos de remuneração estratégica e retenção de talentos

## Questões a serem respondidas:

- Quais os pontos fortes e fracos da empresa em cada dimensão do diagnóstico?
- Como esses pontos fortes favorecem a atuação da empresa?
- Como esses pontos fracos limitam a atuação da empresa?
- A empresa apresenta um modelo de gestão integrado?
- O modelo de negócio se mostra consistente para enfrentar os desafios de mercado?
- O planejamento estratégico é coerente com o ambiente externo e interno do negócio?
- A estrutura organizacional está alinhada com os desafios externos de mercado?
- Os processos de gestão contribuem para a efetividade organizacional?
- As tecnologias empregadas suportam a gestão eficiente do negócio?
- As práticas de gestão de pessoas potencializam os resultados do negócio?

## Instruções de preenchimento:

- Analise cada dimensão do diagnóstico separadamente em cada um dos tópicos.
- Relacione sistemicamente o diagnóstico de diferentes tópicos em cada dimensão.
- Identifique as principais forças e fraquezas relacionadas a cada dimensão.

## DIAGNÓSTICO ESTRATÉGICO DE FORÇAS E FRAQUEZAS

| Dimensões | Principais forças | Principais fraquezas |
|---|---|---|
| Modelo de negócio | | |
| Pensamento estratégico | | |
| Estrutura organizacional | | |
| Processos internos | | |
| Tecnologias empregadas | | |
| Práticas de gestão de pessoas | | |

## ANÁLISE DO PORTFÓLIO DE PRODUTOS E SERVIÇOS

| Estrelas | Interrogações |
|---|---|
| | |
| Vacas leiteiras | Abacaxis |
| | |

## ANÁLISE DO MACROAMBIENTE

| Econômicos | Político-legais |
|---|---|
| Demográficos | Socioculturais |
| Ambientais | Tecnológicos |

## ANÁLISE DO AMBIENTE COMPETITIVO (CONCORRÊNCIA)

| Critérios | Vantagens competitivas dos principais concorrentes | | | |
|---|---|---|---|---|
| | A | B | C | D |
| Abrangência do mix de produtos | | | | |
| Agressividade do marketing | | | | |
| Atratividade do preço | | | | |
| Capacidade de entrega | | | | |
| Estrutura relativa de custos | | | | |
| Força da marca | | | | |
| Instalações e estrutura física | | | | |
| Domínio tecnológico | | | | |
| Qualidade do atendimento | | | | |
| Qualidade dos produtos | | | | |
| Capacidade financeira | | | | |
| Outros | | | | |

## ANÁLISE DO AMBIENTE COMPETITIVO (FORÇAS COMPETITIVAS)

| Concorrência | Substitutos |
|---|---|
| Entrantes potenciais | Consumidores |
| Barreiras à entrada | Fornecedores |

## ANÁLISE DO AMBIENTE COMPETITIVO (ATRATIVIDADE DO MERCADO)

| Fatores de atratividade | Segmentos de mercado | | |
|---|---|---|---|
| | A | B | C |
| Barreiras de entrada e de saída | | | |
| Ciclo de vida do segmento | | | |
| Condições sociais, políticas e legais | | | |
| Intensidade da competição | | | |
| Nível de investimento requerido | | | |
| Rentabilidade histórica | | | |
| Tamanho do mercado | | | |
| Taxa de crescimento do mercado | | | |
| Tecnologia exigida | | | |
| Intensidade das mudanças | | | |
| Risco | | | |

## ANÁLISE DO AMBIENTE COMPETITIVO (COMPORTAMENTO DO CONSUMIDOR)

| Principais motivações | Tarefas realizadas |
|---|---|
| Dores percebidas | Ganhos esperados |

Figura 10 — Canvas do Planejamento Estratégico de Marketing — Diagnóstico Estratégico

## Como aplicar:

### 🌐 Caso prático

Uma rede de lojas de departamentos, atuante na região Sudeste do país, com destaque para o mercado do Rio de Janeiro, desenvolve seu ciclo anual de planejamento, especialmente importante dado o contexto de mudanças internas e de adaptação a uma nova dinâmica do mercado que a empresa vem enfrentando. Nesse sentido, é de fundamental importância a realização do diagnóstico estratégico de forças e fraquezas internas da empresa, pois isso é determinante para avaliar as possibilidades presentes e futuras do negócio.

A empresa passa por um **processo de reestruturação**, com uma ampla revisão de processos internos sendo realizada, notadamente no que diz respeito à sua relação com os fornecedores, gestão financeira e redefinição e gestão do portfólio de produtos.

A empresa possui um **modelo de negócios** consistente, oferecendo a seus clientes de renda média uma proposta de valor baseada em produtos de boa qualidade com preços competitivos, lojas confortáveis, bem estruturadas e localizadas em bons endereços nas cidades onde atua.

Sua **estrutura organizacional** mostra-se bastante flexível e adaptada ao contexto atual da economia e da própria empresa, observando-se um nível de articulação entre as áreas de compras, logística, marketing, comercial e de produtos que precisa ser incrementado.

Do ponto de vista **estratégico**, a empresa enfrenta um mercado em transformação, com uma forte concorrência representada por players importantes e uma demanda em queda devido à situação econômica desfavorável, exigindo a reflexão sobre seu posicionamento de mercado e a redefinição das ações necessárias para o enfrentamento dos novos desafios.

Quando comparada a seus principais concorrentes, a empresa demonstra desvantagens no uso de **tecnologias** de e-commerce e de comunicação com o mercado, possui pouca presença nas mídias sociais e não alavanca vendas em canais distintos de suas lojas já estabelecidas.

Por fim, as **práticas de gestão de pessoas** adotadas não são capazes de reter os melhores talentos na empresa, apesar de contribuírem, em parte, para manter motivados os colaboradores que exercem funções de nível básico e intermediário, especialmente em função das oportunidades de desenvolvimento até certo ponto da carreira.

Os seus principais **pontos fortes** são:

- Marca reconhecida
- Lojas bem estruturadas
- Preços competitivos
- Motivação dos colaboradores
- Agilidade decisória

Os seguintes **pontos fracos** se destacam:

- Portfólio de produtos
- Fragilidade financeira
- Qualidade do atendimento nas lojas
- Ausência de e-commerce
- Frágil comunicação com o mercado

Essa descrição das características da empresa e de seus pontos fortes e fracos serve de base para as decisões estratégicas que tipicamente são tomadas para lidar com cada dimensão, as quais podem derivar dos questionamentos feitos no tópico *"Questões a serem respondidas"*.

Com o propósito de aprofundar o conhecimento das potencialidades e vulnerabilidades da empresa, um destaque especial deve ser dado à análise do portfólio de produtos e serviços comercializados, pois eles representam a fonte geradora de receitas do negócio e definem sua capacidade de entregar ao mercado soluções que satisfazem efetivamente as necessidades dos clientes.

A gestão do portfólio de produtos e serviços da empresa constitui um processo crítico para o negócio. Entender a contribuição de cada produto e serviço para os resultados permite a tomada de decisões mais assertivas quanto a seu posicionamento, estratégias de comercialização, investimentos e até mesmo de saída de determinados segmentos de mercado que não se mostram mais atraentes.

### Desafio para discussão em equipe

Você e sua equipe têm um conhecimento profundo das principais dimensões do modelo de gestão de sua empresa? É possível identificar como diferentes elementos do modelo de gestão se relacionam de modo integrado, contribuindo para influenciar os resultados do negócio? Está claro o entendimento de que o sucesso do negócio depende de sua capacidade de autoconhecimento e intervenção sobre os aspectos mais críticos da gestão?

# 11. Análise do Portfólio de Produtos e Serviços (Matriz BCG)

A MATRIZ BCG, DESENVOLVIDA PELA EMPRESA de consultoria empresarial americana Boston Consulting Group na década de 1970 é uma das ferramentas de análise do portfólio mais largamente utilizadas para promover um entendimento mais amplo da contribuição dos produtos e serviços da empresa ao negócio, levando-se em conta o nível de crescimento dos mercados de atuação e a participação relativa de cada produto e serviço do portfólio comparada à dos principais concorrentes.

## O que se pretende atingir:

- Classificar os produtos e serviços do portfólio.
- Entender a contribuição de cada produto e serviço para os resultados da empresa.
- Analisar as perspectivas de mercado de cada produto e serviço do portfólio.
- Subsidiar diferentes decisões acerca do portfólio de produtos e serviços.

## Conteúdo a ser desenvolvido:

Para cada produto e serviço do portfólio da empresa devem ser obtidos dados acerca do nível de crescimento de seus mercados de atuação e do volume de vendas próprias e das principais empresas concorrentes, a fim de que seja possível realizar uma análise comparativa.

**Crescimento do mercado de cada produto e serviço**

- Intensidade do crescimento das vendas totais nos mercados de atuação dos produtos e serviços da empresa.

**Participação relativa de mercado**

- Vendas totais dos produtos e serviços da empresa nos mercados de atuação.
- Comparação das vendas dos produtos e serviços da empresa com as vendas dos principais concorrentes e com o tamanho total do mercado.

*Figura 11 — Análise do Portfólio de Produtos e Serviços (Matriz BCG)*

## Questões a serem respondidas:

- Que produtos e serviços apresentam alta participação em mercados com alta taxa de crescimento? Como esses produtos e serviços considerados estrelas são protegidos da ameaça dos concorrentes atraídos para esses mercados?
- Que produtos e serviços apresentam alta participação em mercados com crescimento mais lento? Como esses produtos e serviços denominados vacas leiteiras, que costumam ser fontes geradoras de receitas estáveis ao longo do tempo, mantêm suas posições de liderança?
- Que produtos e serviços apresentam baixa participação em mercados com alta taxa de crescimento? Como as empresas decidem a respeito desses produtos e serviços considerados interrogações? Eles apresentam potencial de longo prazo para tornarem-se estrelas ou vacas leiteiras, justificando o investimento necessário?
- Que produtos e serviços apresentam baixa participação em mercados com baixo crescimento? Como as empresas decidem a respeito desses produtos e serviços chamados de abacaxis? Eles atendem a mercados de nicho, pouco representativos, porém lucrativos? Ou não são lucrativos, apresentam problemas de difícil solução e merecem ser descontinuados?

## Instruções de preenchimento:

- Analise cada produto e serviço do portfólio da empresa separadamente.
- Classifique cada produto e serviço de acordo com suas características e critérios na matriz.
- Preencha cada célula do CANVAS com os produtos e serviços relacionados.

## DIAGNÓSTICO ESTRATÉGICO DE FORÇAS E FRAQUEZAS

| Dimensões | Principais forças | Principais fraquezas |
|---|---|---|
| Modelo de negócio | | |
| Pensamento estratégico | | |
| Estrutura organizacional | | |
| Processos internos | | |
| Tecnologias empregadas | | |
| Práticas de gestão de pessoas | | |

## ANÁLISE DO PORTFÓLIO DE PRODUTOS E SERVIÇOS

| Estrelas | Interrogações |
|---|---|
| | |
| Vacas leiteiras | Abacaxis |
| | |

## ANÁLISE DO MACROAMBIENTE

| Econômicos | Político-legais |
|---|---|
| Demográficos | Socioculturais |
| Ambientais | Tecnológicos |

## ANÁLISE DO AMBIENTE COMPETITIVO (CONCORRÊNCIA)

| Critérios | Vantagens competitivas dos principais concorrentes | | | |
|---|---|---|---|---|
| | A | B | C | D |
| Abrangência do mix de produtos | | | | |
| Agressividade do marketing | | | | |
| Atratividade do preço | | | | |
| Capacidade de entrega | | | | |
| Estrutura relativa de custos | | | | |
| Força da marca | | | | |
| Instalações e estrutura física | | | | |
| Domínio tecnológico | | | | |
| Qualidade do atendimento | | | | |
| Qualidade dos produtos | | | | |
| Capacidade financeira | | | | |
| Outros | | | | |

## ANÁLISE DO AMBIENTE COMPETITIVO (FORÇAS COMPETITIVAS)

| Concorrência | Substitutos |
|---|---|
| Entrantes potenciais | Consumidores |
| Barreiras à entrada | Fornecedores |

## ANÁLISE DO AMBIENTE COMPETITIVO (ATRATIVIDADE DO MERCADO)

| Fatores de atratividade | Segmentos de mercado | | |
|---|---|---|---|
| | A | B | C |
| Barreiras de entrada e de saída | | | |
| Ciclo de vida do segmento | | | |
| Condições sociais, políticas e legais | | | |
| Intensidade da competição | | | |
| Nível de investimento requerido | | | |
| Rentabilidade histórica | | | |
| Tamanho do mercado | | | |
| Taxa de crescimento do mercado | | | |
| Tecnologia exigida | | | |
| Intensidade das mudanças | | | |
| Risco | | | |

## ANÁLISE DO AMBIENTE COMPETITIVO (COMPORTAMENTO DO CONSUMIDOR)

| Principais motivações | Tarefas realizadas |
|---|---|
| Dores percebidas | Ganhos esperados |

*Figura 12 — Canvas do Planejamento Estratégico de Marketing — Matriz BCG*

## Como aplicar:

### 🌐 Caso prático

O portfólio de produtos da empresa se divide em seis principais categorias e respectivas linhas:

- **Vestuário** — masculino, feminino e infantil.
- **Cama, mesa e banho** — jogos de lençóis, conjuntos de mesa e jogos de banho.
- **Utilidades domésticas** — decoração e utensílios de cozinha.
- **Artigos infantis** — brinquedos e itens para recém-nascidos.
- **Telefonia** — aparelhos celulares.
- **Beleza** — perfumes, cosméticos e higiene pessoal.

Cada uma dessas linhas se decompõe em uma grande diversidade de itens acessíveis aos consumidores nas lojas da rede.

Com base nas informações de mercado e em dados internos de vendas da empresa, esse portfólio de linhas de produtos pode ser classificado da seguinte forma de acordo com os quadrantes da **Matriz BCG**:

- **Estrelas** — vestuário feminino, cosméticos e aparelhos celulares.
- **Vacas leiteiras** — jogos de lençóis e jogos de banho.
- **Interrogações** — vestuário infantil, itens para recém-nascidos e perfumes.
- **Abacaxis** — decoração, utensílios de cozinha, vestuário masculino, conjuntos de mesa, higiene pessoal e brinquedos.

Assim, as diferentes linhas de produtos da empresa podem ser classificadas de modo complementar da seguinte maneira:

- **Produtos centrais** — vestuário feminino, cosméticos e aparelhos celulares.
- **Produtos complementares** — jogos de lençóis e jogos de banho.
- **Produtos para descontinuação** — decoração, utensílios de cozinha, vestuário masculino, conjuntos de mesa e brinquedos.
- **Produtos para desenvolvimento** — vestuário infantil, itens para recém-nascidos e perfumes.

Essa classificação do portfólio de produtos refina e aprofunda o conhecimento do portfólio de produtos da empresa e dos seus pontos fortes e fracos, e serve de base para as decisões estratégicas que tipicamente são tomadas em cada caso, as quais podem derivar dos questionamentos feitos no tópico *"Questões a serem respondidas"*.

**Exemplo**

O mercado brasileiro de cerveja enfrenta um desafio com o qual todas as grandes fabricantes das principais marcas precisam lidar — a maturidade. Há sinais de esgotamento da capacidade de esse mercado continuar crescendo de forma acelerada. Os consumidores parecem entender que as marcas populares são todas muito parecidas, o que diminui o custo de mudança, transformando a competição em guerra de preços. Para lidar com essa nova realidade e ampliar a curva de crescimento das vendas, as empresas têm procurado reposicionar suas marcas, mudar suas estratégias de comercialização e também fazer com que os clientes migrem para o consumo de marcas premium de maior valor agregado e melhor rentabilidade.

De modo complementar à análise proposta na Matriz BCG, o portfólio de produtos e serviços da empresa também pode ser classificado usando o modelo de Análise do Ciclo de Vida do Produto (CVP). Essa análise contribui para tornar mais claro o potencial de desenvolvimento de cada produto e serviço do portfólio, evidenciando seu papel estratégico ou demonstrando sua perda de relevância para os negócios.

Os modelos de análise do portfólio de produtos e serviços das empresas contribuem para a identificação de seu estágio de evolução diante das características do mercado, o que é determinante para se definir as estratégias e ações a serem empregadas para garantir o balanceamento do portfólio, sua sustentabilidade e o alcance dos objetivos do negócio.

## 12. Análise do Ciclo de Vida do Produto (CVP)

TODOS OS PRODUTOS E SERVIÇOS INTRODUZIDOS NO MERCADO podem trilhar uma trajetória de crescimento, maturidade e declínio, o que é determinado em intensidade e velocidade pelas condições gerais do mercado e pelas decisões tomadas pelas empresas, fazendo com que para cada estágio diferentes ações sejam empreendidas. Isso é o que se pretende enxergar por meio da Análise do Ciclo de Vida do Produto (CVP).

### O que se pretende atingir:

- Classificar os produtos e serviços do portfólio.
- Entender a contribuição de cada produto e serviço para os resultados da empresa.
- Analisar as perspectivas de mercado de cada produto e serviço do portfólio.
- Subsidiar diferentes decisões acerca do portfólio de produtos e serviços.

### Conteúdo a ser desenvolvido:

Para cada produto e serviço do portfólio da empresa devem ser obtidos dados acerca de seu volume de vendas ao longo do tempo em que existem desde seu lançamento, de modo a identificar em que estágio se encontram: introdução, crescimento, maturidade ou declínio.

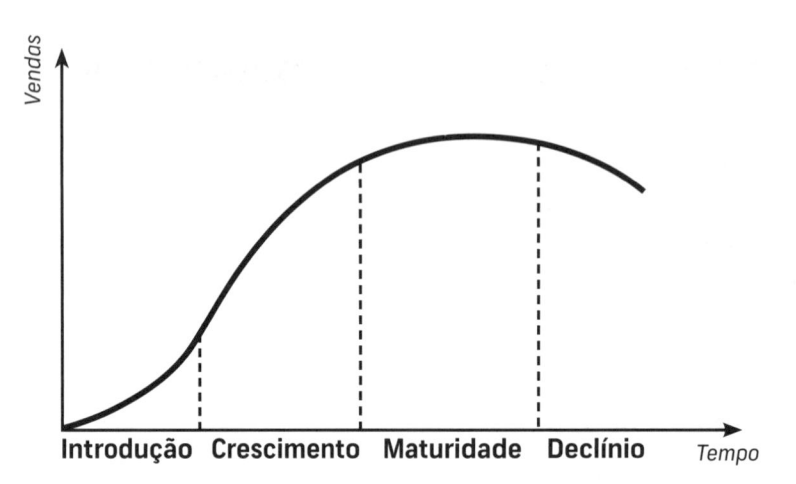

*Figura 13— Análise do Ciclo de Vida do Produto (CVP)*

## Questões a serem respondidas:

- Que produtos e serviços se encontram na fase de introdução (volume inicial de vendas no mercado)?

  *As marcas estão bem posicionadas na mente dos consumidores, alinhadas às suas necessidades? A precificação adotada é coerente com esse posicionamento? Os canais de distribuição utilizados alcançam o público-alvo desejado? A comunicação com o mercado estimula a adoção inicial dos produtos e serviços da empresa?*

- Que produtos e serviços se encontram na fase de crescimento (volume crescente de vendas, tendo vencido com sucesso a fase de introdução no mercado)?

  *As marcas conseguem desenvolver nos clientes uma clara percepção de valor e fidelidade no consumo? Alterações de preço promovidas pelos concorrentes são capazes de afetar a demanda pelos produtos e serviços da empresa? É necessário expandir os canais de venda? A comunicação com o mercado sensibiliza não adotantes iniciais e também os clientes da concorrência?*

- Que produtos e serviços se encontram na fase de maturidade (volume de vendas estabilizado após a fase de crescimento)?

    *As marcas demonstram a necessidade de melhoria na qualidade e/ou de mudanças nos atributos e características dos produtos e serviços? Os preços praticados pela empresa continuam competitivos quando comparados aos da concorrência? Os canais de distribuição utilizados ainda entregam valor aos clientes? A comunicação com o mercado contribui para reforçar o posicionamento das marcas da empresa?*

- Que produtos e serviços se encontra na fase de declínio (volume decrescente de vendas, não tendo obtido sucesso em vencer a inércia da fase de maturidade)?

    *As marcas requerem investimentos em inovação e mudanças? Produtos e serviços do portfólio devem ser descontinuados? As políticas de preços devem ser ajustadas para estimular as vendas? Os canais de distribuição devem ser revistos? Os gastos com comunicação com o mercado devem ser redimensionados?*

## Instruções de preenchimento:

- Por se tratar de um modelo de análise complementar à Matriz BCG, os resultados obtidos na Análise do Ciclo de Vida dos Produtos não são preenchidos no CANVAS. As informações colhidas aqui devem ser aportadas no mesmo espaço do CANVAS denominado "Portfólio de Produtos e Serviços".

## Como aplicar:

### 🌐 Caso prático

Como existe uma diversidade muito grande de itens vendidos em cada categoria do portfólio, para facilitar o estudo deste caso, considera-se que a empresa realiza **a análise do ciclo de vida dos produtos** agrupados por linha.

Assim, os produtos da empresa podem ser classificados genericamente como segue, de acordo com os critérios já conhecidos:

- **Introdução** — higiene pessoal e perfumes.
- **Crescimento** — vestuário feminino, cosméticos, vestuário infantil, itens para recém-nascidos e aparelhos celulares.
- **Maturidade** — jogos de lençóis e jogos de banho.
- **Declínio** — decoração, utensílios de cozinha, vestuário masculino, conjuntos de mesa e brinquedos.

Mais uma vez, essa classificação do portfólio de produtos reflete o aprofundamento da percepção de suas características, servindo de base para as decisões estratégicas que tipicamente são tomadas em cada caso, as quais podem derivar dos questionamentos feitos no tópico *"Questões a serem respondidas"*.

### Exercício

Produtos e serviços têm um ciclo de vida composto de várias fases: introdução, crescimento, maturidade e declínio. A esse respeito, assinale a opção que reflete uma decisão inadequada.

a) Na fase de crescimento, a empresa deve investir no desenvolvimento do produto para conquistar mais clientes.
b) No período de maturidade, a empresa deve investir no aumento da produção.
c) Na fase de declínio, a empresa deve entender as razões que explicam as restrições à demanda.
d) Na fase de maturidade, a empresa pode decidir revitalizar o produto.

*Resposta certa: (b)*

Realizado o diagnóstico interno da empresa e estabelecido um conhecimento profundo de seus pontos fortes e fracos em diferentes dimensões do negócio, com especial ênfase em seu portfólio de produtos e serviços, é preciso ampliar o diagnóstico estratégico contemplando aspectos diversos do ambiente externo no qual a empresa está inserida, a começar pelo círculo de influências mais abrangente representado pelas chamadas forças macroambientais: econômicas, político-legais, socioculturais, demográficas, ambientais e tecnológicas.

## 13. Análise do Macroambiente

AS FORÇAS MACROAMBIENTAIS DEVEM SER DETALHADAS de forma a entender seus componentes mais relevantes e que efeitos, positivos ou negativos, eles produzem sobre os negócios da empresa, de modo a subsidiar decisões estratégicas de mercado que a empresa precisará tomar no curso do esforço de Planejamento Estratégico de Marketing em desenvolvimento.

### O que se pretende atingir:

- Analisar como as forças macroambientais (econômicas, político-legais, demográficas, socioculturais, ambientais e tecnológicas) e seus componentes específicos exercem influência sobre a dinâmica do negócio da empresa.
- Identificar os efeitos relevantes atuais e futuros dessas forças macroambientais e seus componentes específicos sobre a gestão estratégica e mercadológica da empresa.
- Distinguir como os impactos dessas forças macroambientais representam oportunidades ou ameaças ao negócio da empresa.

### Conteúdo a ser desenvolvido:

Para cada uma das forças macroambientais, devem ser identificados os componentes que produzem efeitos relevantes atuais e futuros sobre o negócio da empresa, positiva e negativamente, distinguindo assim as oportunidades e ameaças que deverão ser analisadas em detalhes em uma fase posterior do planejamento.

**Forças macroambientais**

Econômicas · Socioculturais
Político-legais · Ambientais
Demográficas · Tecnológicas

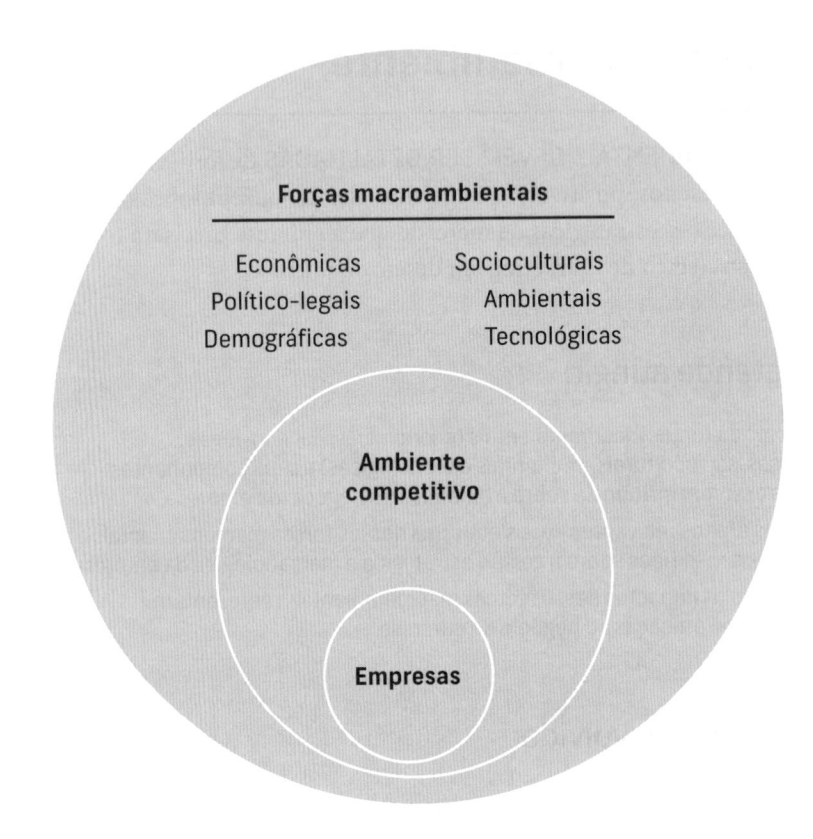

**Ambiente competitivo**

**Empresas**

*Figura 14 — Forças Macroambientais e a Empresa*

## Questões a serem respondidas:

### Economia
- Como o comportamento de variáveis macroeconômicas, tais como inflação, juros, taxa de câmbio, nível de crescimento da economia, nível de produção e emprego, disponibilidade de crédito, nível de confiança do consumidor, do varejo e da indústria, entre outras, afeta o desempenho da empresa?
- Qual o nível de emprego nos segmentos de atuação da empresa?
- Como se encontra a demanda agregada nesses segmentos?
- Como está a lucratividade das empresas atuantes nesses segmentos?
- Qual o nível de capacidade ociosa das empresas do setor?
- As empresas do setor têm realizado novos investimentos?
- Há concorrência externa relevante nesses segmentos?

### Político-legal
- Que marcos legais e regulatórios afetam os segmentos de atuação da empresa?
- De que modo o cenário político-legal impacta a atuação da empresa?
- Existe atuação sindical capaz de afetar a empresa em seus segmentos de atuação?
- Grupos organizados de representação afetam a dinâmica do negócio?
- Outros stakeholders relevantes interferem na atuação da empresa?

### Sociocultural
- Que características e mudanças culturais observadas afetam a dinâmica dos negócios nos segmentos de atuação da empresa?
- Que hábitos, preferências, crenças e valores moldam o comportamento de consumo nos segmentos de atuação da empresa?
- Que novos padrões comportamentais afetam a dinâmica dos negócios nos segmentos de atuação da empresa?
- Que tendências de consumo podem ser observadas nos segmentos de atuação da empresa?

### Demográfico
- Como as características da população, tais como tamanho e taxa de crescimento, composição etária, étnica e sexual, grau de instrução, entre outras, afetam a atuação da empresa em seus segmentos de mercado?
- Como a mobilidade social entre diferentes extratos da população afeta a dinâmica dos negócios da empresa?

- O nível de renda da população nos segmentos de atuação da empresa afeta a dinâmica de seus negócios?

## Ambiental

- Como as características e mudanças do meio ambiente interferem na atuação da empresa?
- Há escassez de matérias-primas, insumos e recursos críticos para o negócio?
- Os custos de tais recursos são pressionados por mudanças ambientais?
- A operação da empresa gera impactos ambientais relevantes que precisam ser abordados?
- A empresa é pressionada por mudanças regulatórias motivadas por questões ambientais?
- Existem oportunidades com foco na economia verde que podem ser exploradas pela empresa?

## Tecnológico

- Que mudanças tecnológicas produzem impactos sobre a empresa?
- Como a dinâmica dos negócios nos segmentos de atuação da empresa tem sido afetada por inovações tecnológicas?
- Como os processos produtivos e de gestão da empresa são afetados pela tecnologia?
- Há novas fronteiras tecnológicas gerando oportunidades e ameaças à empresa?
- Novas tecnologias têm acelerado a obsolescência de produtos e processos produtivos da empresa e do setor como um todo?

### Exercício

A análise do macroambiente é fundamental, pois:

a) Avalia o ambiente externo à organização, com as variáveis incontroláveis que as organizações precisam alinhar às suas estratégias.
b) Amplia o entendimento da organização a respeito dos principais concorrentes em seus mercados de atuação.
c) Trata da análise do ambiente interno da organização e como tal deve ser levado em consideração.
d) Representa o ponto crítico da análise das principais forças e fraquezas da empresa em seus segmentos de atuação.

*Resposta certa: (a)*

## Instruções de preenchimento

- Identifique os componentes relevantes de cada força macroambiental.
- Avalie o impacto causado na empresa e em seus mercados de atuação.
- Aponte quais impactos produzidos representam oportunidades e ameaças.

## DIAGNÓSTICO ESTRATÉGICO DE FORÇAS E FRAQUEZAS

| Dimensões | Principais forças | Principais fraquezas |
|---|---|---|
| Modelo de negócio | | |
| Pensamento estratégico | | |
| Estrutura organizacional | | |
| Processos internos | | |
| Tecnologias empregadas | | |
| Práticas de gestão de pessoas | | |

## ANÁLISE DO PORTFÓLIO DE PRODUTOS E SERVIÇOS

| Estrelas | Interrogações |
|---|---|
| | |
| Vacas leiteiras | Abacaxis |
| | |

## ANÁLISE DO MACROAMBIENTE

| Econômicos | Político-legais |
|---|---|
| Demográficos | Socioculturais |
| Ambientais | Tecnológicos |

## ANÁLISE DO AMBIENTE COMPETITIVO (CONCORRÊNCIA)

| Critérios | Vantagens competitivas dos principais concorrentes | | | |
|---|---|---|---|---|
| | A | B | C | D |
| Abrangência do mix de produtos | | | | |
| Agressividade do marketing | | | | |
| Atratividade do preço | | | | |
| Capacidade de entrega | | | | |
| Estrutura relativa de custos | | | | |
| Força da marca | | | | |
| Instalações e estrutura física | | | | |
| Domínio tecnológico | | | | |
| Qualidade do atendimento | | | | |
| Qualidade dos produtos | | | | |
| Capacidade financeira | | | | |
| Outros | | | | |

## ANÁLISE DO AMBIENTE COMPETITIVO (FORÇAS COMPETITIVAS)

| Concorrência | Substitutos |
|---|---|
| Entrantes potenciais | Consumidores |
| Barreiras à entrada | Fornecedores |

## ANÁLISE DO AMBIENTE COMPETITIVO (ATRATIVIDADE DO MERCADO)

| Fatores de atratividade | Segmentos de mercado | | |
|---|---|---|---|
| | A | B | C |
| Barreiras de entrada e de saída | | | |
| Ciclo de vida do segmento | | | |
| Condições sociais, políticas e legais | | | |
| Intensidade da competição | | | |
| Nível de investimento requerido | | | |
| Rentabilidade histórica | | | |
| Tamanho do mercado | | | |
| Taxa de crescimento do mercado | | | |
| Tecnologia exigida | | | |
| Intensidade das mudanças | | | |
| Risco | | | |

## ANÁLISE DO AMBIENTE COMPETITIVO (COMPORTAMENTO DO CONSUMIDOR)

| Principais motivações | Tarefas realizadas |
|---|---|
| Dores percebidas | Ganhos esperados |

*Figura 15 — Canvas do Planejamento Estratégico de Marketing — Análise do Macroambiente*

## Como aplicar:

### 🌐 Caso prático

Lojas de departamentos estão inseridas em um mercado com uma dinâmica de competição muito agressiva. Representam um segmento do varejo com competidores importantes e apresentam um modelo de negócio típico que vem sendo desafiado pelas próprias empresas e por concorrentes de outros segmentos. Assim, **analisar o macroambiente** para entender as variáveis que afetam o mercado e a própria empresa de forma relevante é uma exigência do ponto de vista estratégico.

As **variáveis econômicas** que produzem efeitos relevantes são:

- **Inflação** — em função do público-alvo da empresa, a diminuição do poder de compra dos clientes pode impactar negativamente a demanda por seus produtos (*Ameaça*).
- **Juros** — como boa parte das vendas da empresa é feita por meio do cartão próprio da rede, juros em queda contribuem para estimular a demanda (*Oportunidade*).
- **Nível de emprego e renda** — o aumento do desemprego e seu impacto negativo sobre a renda das camadas baixas e médias da população afetam diretamente a demanda (*Ameaça*).
- **Nível de confiança do consumidor, do varejo e da indústria** — enquanto o nível de confiança do consumidor estiver baixo e se espalhando por toda a cadeia produtiva, a demanda não é retomada (*Ameaça*).

Essa análise de como algumas variáveis econômicas afetam o negócio, positiva ou negativamente, deve ser **replicada para as demais dimensões macroambientais**. A compreensão desses efeitos subsidia as decisões estratégicas que tipicamente são tomadas para lidar com cada dimensão, as quais podem derivar dos questionamentos feitos no tópico *"Questões a serem respondidas"*.

A análise do macroambiente permite o entendimento de um conjunto mais amplo de influências que de uma forma ou de outra são percebidas por todas as empresas e indivíduos em todos os mercados. Trata-se de um contexto bastante abrangente, não sendo sempre de fácil assimilação os efeitos provocados sobre os negócios.

### Exemplo

O sucesso atual das clínicas populares pode ser explicado por uma combinação de fatores macroambientais: a) renda da população em queda; b) diminuição da base de clientes das operadoras de planos de saúde; c) ineficiência crônica dos serviços públicos de saúde, entre outros. A consequência é a abertura de oportunidades de mercado para novos negócios.

> Executivos de marketing precisam entender de economia e política, tecnologia e meio ambiente tanto quanto de produtos e estratégias de mercado.

Ultrapassada essa camada mais externa de análise, torna-se necessário aprofundar a compreensão das influências mais próximas à empresa, aquelas percebidas no chamado ambiente competitivo de negócios, o que envolve conhecer mais de seus concorrentes, clientes, fornecedores e de toda a dinâmica de competição existente nos diferentes segmentos de mercado em que a empresa atua.

A formulação de estratégias de mercado corretas e o desenvolvimento de um composto mercadológico apropriado para o negócio, entre outras decisões a serem tomadas, estão diretamente relacionados ao mapeamento da concorrência, ao entendimento do comportamento dos clientes, à percepção de como funciona a cadeia de fornecimento no segmento e ao monitoramento dos principais movimentos competitivos adotados por cada um desses players atuantes no mercado.

# 14. Análise da Concorrência

ANTES DE QUALQUER COISA, É IMPORTANTE que a empresa tenha uma clara compreensão de quem são seus principais concorrentes. Existem os concorrentes diretos, que oferecem ao mercado essencialmente os mesmos produtos e serviços, assim como também representam concorrência aquelas empresas que, apesar de venderem produtos e serviços diferentes, são capazes de entregar os mesmos benefícios aos clientes. São, assim, concorrentes indiretos, porém igualmente importantes, pois se oferecem aos clientes igual ou maior valor do que outras empresas conseguem ofertar, então têm de algum modo diferenciais competitivos considerados relevantes pelos consumidores.

Então, para identificar os verdadeiros concorrentes, é preciso ampliar a percepção de mercado para entender de onde vêm as pressões que afetam a dinâmica de competição nos segmentos de mercado em que a empresa atua.

## O que se pretende atingir:

- Identificar os principais concorrentes da empresa e as características de seus respectivos modelos de negócio.
- Analisar comparativamente a empresa e seus principais concorrentes com base em um conjunto de critérios-chave de mercado.
- Avaliar como a empresa se posiciona diante de seus principais concorrentes.
- Identificar as vantagens competitivas da empresa e suas vulnerabilidades diante de seus principais concorrentes.

## Conteúdo a ser desenvolvido:

Para cada um dos critérios de comparação da empresa com a concorrência, devem ser identificadas as características de cada um dos principais concorrentes nos segmentos de atuação considerados, contribuindo assim para distinguir pontos fortes e fracos do negócio e oportunidades e ameaças trazidas pela concorrência, avaliando a robustez e consistência da proposta de valor de cada participante do mercado.

### Informações gerais sobre cada player atuante no mercado
- Portfólio de produtos e serviços
- Participação relativa de mercado
- Posicionamento de mercado
- Diferenciais competitivos e vulnerabilidades
- Política de preços e comercialização
- Logística de distribuição
- Estratégias de comunicação
- Gestão da qualidade, entre outras

## Questões a serem respondidas:

### Mix de produtos
- O mix de produtos e serviços da empresa é uma oferta mais aderente às necessidades dos clientes do que a de seus principais concorrentes?

### Atratividade do preço
- O preço dos produtos e serviços da empresa, quando relacionado ao valor entregue a seus clientes, é mais atrativo do que o dos concorrentes?

### Capacidade de entrega
- A empresa consegue tornar seus produtos e serviços disponíveis aos clientes de modo mais efetivo do que a concorrência?

### Estrutura relativa de custos
- A empresa possui uma operação mais eficiente do que a concorrência, oferecendo produtos e serviços com menor custo?

### Força da marca
- Os produtos e serviços oferecidos pela empresa têm reconhecimento de marca superior ao da concorrência?

### Infraestrutura física
- A infraestrutura física de instalações, equipamentos e demais recursos da empresa representa uma vantagem competitiva relevante sobre seus concorrentes?

### Domínio tecnológico
- A empresa tem uma expertise tecnológica em seus produtos, serviços e processos que a coloca em uma vantagem competitiva em relação a seus concorrentes?

### Comunicação com o mercado
- As ações de comunicação com o mercado da empresa se mostram mais eficazes do que as da concorrência para reforçar o posicionamento de marca de seus produtos e serviços e também para estimular suas vendas?

### Qualidade do atendimento
- A qualidade do atendimento e dos serviços de venda e pós-venda oferecidos aos clientes pela empresa é reconhecidamente superior ao de seus concorrentes?

### Qualidade dos produtos e serviços
- A qualidade dos produtos e serviços da empresa é reconhecida pelos clientes como superior à da concorrência?

### Capacidade financeira
- A capacidade financeira da empresa para o pleno desenvolvimento de suas estratégias competitivas a coloca em posição de superioridade em relação aos concorrentes?

## Instruções de preenchimento:

- Identifique os três principais concorrentes da empresa em seus segmentos de mercado.
- Avalie as características de cada concorrente em relação aos critérios de comparação.
- Preencha cada célula do grid com as informações obtidas.
- Analise os atributos em que cada concorrente mais se destaca.

## DIAGNÓSTICO ESTRATÉGICO DE FORÇAS E FRAQUEZAS

| Dimensões | Principais forças | Principais fraquezas |
|---|---|---|
| Modelo de negócio | | |
| Pensamento estratégico | | |
| Estrutura organizacional | | |
| Processos internos | | |
| Tecnologias empregadas | | |
| Práticas de gestão de pessoas | | |

## ANÁLISE DO PORTFÓLIO DE PRODUTOS E SERVIÇOS

| Estrelas | Interrogações |
|---|---|
| | |
| Vacas leiteiras | Abacaxis |
| | |

## ANÁLISE DO AMBIENTE COMPETITIVO (CONCORRÊNCIA)

| Critérios | Vantagens competitivas dos principais concorrentes | | | |
|---|---|---|---|---|
| | A | B | C | D |
| Abrangência do mix de produtos | | | | |
| Agressividade do marketing | | | | |
| Atratividade do preço | | | | |
| Capacidade de entrega | | | | |
| Estrutura relativa de custos | | | | |
| Força da marca | | | | |
| Instalações e estrutura física | | | | |
| Domínio tecnológico | | | | |
| Qualidade do atendimento | | | | |
| Qualidade dos produtos | | | | |
| Capacidade financeira | | | | |
| Outros | | | | |

## ANÁLISE DO AMBIENTE COMPETITIVO (ATRATIVIDADE DO MERCADO)

| Fatores de atratividade | Segmentos de mercado | | |
|---|---|---|---|
| | A | B | C |
| Barreiras de entrada e de saída | | | |
| Ciclo de vida do segmento | | | |
| Condições sociais, políticas e legais | | | |
| Intensidade da competição | | | |
| Nível de investimento requerido | | | |
| Rentabilidade histórica | | | |
| Tamanho do mercado | | | |
| Taxa de crescimento do mercado | | | |
| Tecnologia exigida | | | |
| Intensidade das mudanças | | | |
| Risco | | | |

## ANÁLISE DO MACROAMBIENTE

| Econômicos | Político-legais |
|---|---|
| Demográficos | Socioculturais |
| Ambientais | Tecnológicos |

## ANÁLISE DO AMBIENTE COMPETITIVO (FORÇAS COMPETITIVAS)

| Concorrência | Substitutos |
|---|---|
| Entrantes potenciais | Consumidores |
| Barreiras à entrada | Fornecedores |

## ANÁLISE DO AMBIENTE COMPETITIVO (COMPORTAMENTO DO CONSUMIDOR)

| Principais motivações | Tarefas realizadas |
|---|---|
| Dores percebidas | Ganhos esperados |

Figura 16 — Canvas do Planejamento Estratégico de Marketing — Análise da Concorrência

## Como aplicar:

### 🌐 Caso prático

A empresa tem vários concorrentes maiores e com mais presença de mercado. Trata-se de uma concorrência agressiva, ágil e criativa, que impõe ao negócio um enorme desafio para sua própria sobrevivência. **Analisar a concorrência** então é extremamente importante para que sejam identificadas as oportunidades e ameaças trazidas, respectivamente, pelos pontos fracos e pelos pontos fortes das empresas concorrentes.

A rede de lojas de departamentos tem três concorrentes principais que adotam um modelo de negócio semelhante ao seu, com algumas variações. Assim, a **análise de seus concorrentes** se baseia no entendimento da posição ocupada por cada empresa em relação aos seguintes fatores, entre outros:

#### Mix de produtos
- A empresa oferta um mix de produtos menos variado e mais restrito do que a concorrência, porém bastante aderente ao perfil do seu público-alvo **(Nota 2)**.

#### Atratividade do preço
- O preço dos produtos da empresa é atraente e fornece aos clientes uma boa relação custo/benefício **(Nota 3)**.

#### Capacidade de entrega
- A empresa sofre com a logística de abastecimento de suas lojas, causando frequente indisponibilidade de produtos **(Nota 1)**.

#### Estrutura relativa de custos
- A empresa tem uma operação menor, enxuta, eficiente e de custos menores **(Nota 4)**.

#### Força da marca
- A marca da empresa é sólida e com forte reconhecimento no mercado, apesar de ter menor impacto **(Nota 2)**.

#### Infraestrutura física
- As lojas da rede são muito bem estruturadas e localizadas, mas um pouco abaixo das principais concorrentes **(Nota 2)**.

#### Domínio tecnológico
- A empresa não tem expertise tecnológica, com destaque para ausência de e-commerce e baixa presença nas mídias digitais **(Nota 1)**.

#### Comunicação com o mercado
- As ações de comunicação com o mercado da empresa são muito tímidas, de pouco impacto e baixa penetração **(Nota 1)**.

#### Qualidade do atendimento
- A qualidade do atendimento equipara-se à dos principais concorrentes, não apresentando nenhum diferencial **(Nota 2)**.

#### Qualidade dos produtos e serviços
- A qualidade dos produtos da empresa é boa e adequada ao perfil de seus clientes, oferecendo uma relação custo/benefício satisfatória **(Nota 2)**.

**Capacidade financeira**
- A empresa encontra-se em um processo rigoroso de reestruturação, não apresentando ainda boa capacidade financeira **(Nota 1)**.

**Obs.:** a **Nota 1** é atribuída ao pior competidor, enquanto a **Nota 4** é dada ao melhor competidor em cada atributo.

Quando comparados com seus principais concorrentes, os atributos em que a empresa é pior avaliada indicam seus **pontos fracos** e as virtudes da concorrência, representando assim **ameaças** que a deixam vulnerável, enquanto os atributos de baixa avaliação da concorrência representam possíveis **oportunidades** a serem exploradas.

Por outro lado, os atributos em que a empresa é melhor avaliada indicam seus **pontos fortes**, representando as possíveis **vantagens competitivas** do negócio diante de seus principais concorrentes.

Essa análise da concorrência permite que a empresa identifique suas **vantagens competitivas** sobre os principais competidores em seu mercado de atuação, o que subsidia as decisões estratégicas que tipicamente são tomadas para lidar com os concorrentes, as quais podem derivar dos questionamentos feitos no tópico *"Questões a serem respondidas"*.

### Exercício

Em relação à análise da concorrência, é possível afirmar que se trata de:

a) Comunicar ao mercado os diferenciais competitivos do negócio.
b) Estabelecer relacionamentos com os principais stakeholders.
c) Identificar vantagens competitivas sustentáveis diante dos concorrentes.
d) Identificar as preferências dos clientes atuais e potenciais.

*Resposta certa: (c)*

## Exemplo

Além dos fatores macroambientais que interferiram no funcionamento de todas as empresas que operavam e/ou operam no mercado brasileiro, tais como a) aumento do imposto sobre veículos importados; b) atraso na liberação de financiamentos públicos e licenças ambientais, e c) redução da demanda por veículos decorrente da crise econômica, entre outros, boa parte do insucesso recente das montadoras chinesas no país pode ser explicado pelos seguintes elementos competitivos que demonstraram sua fragilidade diante dos principais concorrentes já instalados: a) falta de agilidade na tomada de decisões; b) logística de suprimentos deficiente; c) portfólio de produtos desatualizado tecnologicamente; d) rede de distribuição e manutenção insuficiente, entre outros.

Outro importante instrumento de análise do ambiente competitivo é aquele que permite à empresa avaliar sua capacidade competitiva em diferentes segmentos de mercado, os quais, por sua vez, apresentam diferentes níveis de atratividade em função de suas características intrínsecas. A Análise da Atratividade possibilita à empresa direcionar a alocação de recursos nos segmentos de mercado que oferecem melhor retorno estratégico.

O reconhecimento das deficiências e potencialidades que tornam o negócio mais ou menos competitivo em alguns segmentos serve para orientar a empresa em suas decisões estratégicas orientadas a mercado, tanto quanto as relacionadas ao desenvolvimento organizacional de seus processos internos, sua estrutura e ao uso dos recursos em geral.

# 15. Análise da Atratividade

ESCOLHER EM QUE SEGMENTOS DE MERCADO ATUAR é uma decisão estratégica para qualquer empresa. Entrar ou permanecer em um determinado mercado depende do quanto a empresa é competitiva para extrair seu potencial. Deixar ou decidir por não entrar em algum segmento de mercado deve também ser uma decisão movida pela análise de sua atratividade.

Os segmentos de mercado em que a empresa pretende atuar ou permanecer devem ser então priorizados de acordo com critérios objetivos que avaliam sua competitividade vis-à-vis a atratividade de cada segmento. Sempre é possível identificar assim os segmentos em que vale a pena investir, aqueles em que os ganhos podem ser obtidos de forma seletiva e, por fim, aqueles para os quais o mais recomendável pode ser simplesmente descontinuar a operação.

## O que se pretende atingir:

- Identificar os segmentos de mercado prioritários para a empresa, comparando-os a partir dos critérios de atratividade de mercado e capacidade competitiva do negócio.
- Analisar a posição relativa da empresa diante de seus concorrentes de acordo com suas potencialidades, vulnerabilidades e o grau de atratividade dos segmentos de mercado.
- Orientar as decisões de investimento da empresa e a formulação de estratégias de atuação nos negócios a serem explorados pela empresa.

## Conteúdo a ser desenvolvido:

Para cada segmento de mercado em que a empresa atua, devem ser identificados os aspectos do negócio que o tornam mais ou menos competitivo e as características dos segmentos que os transformam em mercados mais ou menos atrativos para a empresa, permitindo assim a classificação de cada segmento em quadrantes que definem do ponto de vista estratégico o melhor caminho a seguir.

**Que fatores externos afetam a atratividade dos mercados?**
- Barreiras de entrada e de saída
- Ciclo de vida do segmento
- Condições sociais, políticas e legais
- Exigência tecnológica
- Intensidade da concorrência
- Intensidade das mudanças
- Lucratividade do mercado
- Tamanho do mercado, entre outros

**Que fatores internos afetam a capacidade competitiva das empresas?**
- Mix de produtos
- Atratividade do preço
- Capacidade de entrega
- Estrutura relativa de custos
- Força da marca
- Infraestrutura
- Domínio tecnológico
- Comunicação com o mercado
- Qualidade do atendimento
- Qualidade dos produtos e serviços
- Capacidade financeira, entre outros

## Questões a serem respondidas:

*Fatores externos que afetam a atratividade dos segmentos de mercado*

### Barreiras de entrada e de saída

- Que barreiras dificultam ou impedem a entrada ou a saída da empresa em determinados segmentos de mercado?
- São significativas as exigências de investimento, escala e diferenciação da oferta?
- Os consumidores enfrentam dificuldades e custos elevados para optar por novas ofertas?

- Os atuais competidores dominam os fatores críticos para o sucesso no segmento e já trilharam a curva de experiência necessária para desenvolver uma operação diferenciada?
- Existem restrições legais ou regulatórias difíceis de serem transpostas a baixo custo?

*Quanto maiores as barreiras, menor a atratividade do mercado.*

### Ciclo de vida do segmento

- O mercado ainda é relativamente novo, apresenta perspectivas de crescimento e oferece oportunidades para a entrada de novos players?
- Ou o mercado encontra-se maduro, apresentando baixas taxas de crescimento em períodos recentes?

- Ou ainda, o mercado está em declínio, afetado por mudanças que tornam os produtos e serviços obsoletos e provocando dificuldades aos atuais competidores para manter a sustentabilidade de seus negócios?

*Quanto mais novo e pujante, maior a atratividade do mercado.*

Inversamente, para entrantes potenciais detentores de novas tecnologias disruptivas, alguns mercados podem representar fontes de oportunidades de novos negócios.

**Condições sociais, políticas e legais**

- O ambiente político, as normas regulatórias, o arcabouço jurídico e as condições socioeconômicas são suficientemente claros e estáveis para estimular e proteger novos investimentos?

*Quanto mais estável o ambiente de negócios, maior a atratividade do mercado.*

**Exigência tecnológica**

- O mercado é afetado por mudanças tecnológicas relevantes que exigem elevado investimento para que as empresas se mantenham competitivas?
- O modelo de negócio das empresas atuantes no mercado está sob ameaça de ruptura em função da entrada de novos players com propostas de valor disruptivas?

*Quanto maiores as ameaças tecnológicas e disruptivas, menor a atratividade do mercado.*

**Intensidade da concorrência**

- Existem muitos competidores qualificados atuando no mercado?
- É alta a agressividade desses competidores para manter suas parcelas do mercado?
- Os modelos de negócios dos concorrentes nesse mercado oferecem propostas de valor consistentes para os consumidores, despertando sua fidelidade?

*Quanto maior a intensidade da concorrência, menor a atratividade do mercado.*

## Intensidade das mudanças

- O mercado é afetado por mudanças relevantes no comportamento dos clientes-alvo, fruto de novos hábitos e preferências de consumo?
- A estrutura da cadeia de fornecimento da indústria sofre mudanças que afetam o equilíbrio de forças do mercado?
- Produtos e serviços substitutos surgem em outros mercados com potencial de deslocar a demanda dos atuais consumidores da empresa? O mercado sofre a ameaça de novos entrantes potenciais?

*Quanto maior a intensidade das mudanças, menor a atratividade do mercado.*

## Lucratividade do mercado

- As empresas atuantes no mercado apresentam histórico de lucratividade de acordo com suas expectativas?
- A lucratividade obtida pelas empresas no mercado é atraente, quando comparada a investimentos alternativos?
- O nível de risco percebido pelos players atuantes no mercado é considerado aceitável?

*Quanto maior a lucratividade e menor o risco, maior a atratividade do mercado.*

## Tamanho do mercado

- O mercado apresenta volume de vendas atual e potencial elevado?
- A escala do negócio oferece significativa oportunidade de retorno ao investimento?
- O tamanho do mercado contribui para que a atuação das empresas seja viável?

*Quanto maior seu tamanho, maior a atratividade do mercado.*

O conceito de "encaixe" do mix de produtos significa o quanto esses produtos são capazes de atender às demandas dos clientes, satisfazendo suas necessidades.

```
                    +              Atratividade              -
         ┌─────────────────────┬─────────────────────┬─────────────────────┐  +
         │ Investir para       │ Investir para       │ Selecionar eventuais│
         │ explorar            │ explorar            │ oportunidades       │
         │ oportunidades       │ oportunidades       │                     │
         ├─────────────────────┼─────────────────────┼─────────────────────┤  Competitividade
         │ Investir para       │ Selecionar eventuais│ Retirar-se do       │
         │ explorar            │ oportunidades       │ mercado             │
         │ oportunidades       │                     │                     │
         ├─────────────────────┼─────────────────────┼─────────────────────┤
         │ Selecionar eventuais│ Retirar-se do       │ Retirar-se do       │
         │ oportunidades       │ mercado             │ mercado             │
         └─────────────────────┴─────────────────────┴─────────────────────┘  -
```

*Figura 17 — Matriz de Atratividade*

## Fatores internos que afetam a capacidade competitiva da empresa

### Mix de produtos

- Os benefícios entregues pelos produtos e serviços da empresa são aqueles que de fato são procurados pelos clientes?

- As características desse portfólio de produtos e serviços promove um encaixe pleno com as demandas dos clientes, contribuindo para resolver seus problemas e suas dores?

*Quanto mais "encaixado" o mix de produtos, maior a competitividade da empresa.*

### Atratividade do preço
- O preço dos produtos e serviços da empresa é competitivo?
- Comparadas à oferta dos principais concorrentes, a proposta de valor da empresa e a relação custo-benefício de seus produtos e serviços são atraentes para os clientes-alvo?

*Quanto mais atrativo o preço, maior a competitividade da empresa.*

### Capacidade de entrega
- A gestão logística, operacional e produtiva da empresa garante a entrega eficiente de seus produtos e serviços aos clientes?
- A empresa tem relacionamento sólido e efetivo acesso aos canais de distribuição?
- A empresa tem uma rede de fornecedores e parceiros-chave que contribuem de modo efetivo para o funcionamento do negócio? Que recursos, atividades e processos-chave eles realizam?

*Quanto maior a capacidade de entrega, maior a competitividade da empresa.*

### Estrutura relativa de custos
- A empresa tem uma operação eficiente e de baixo custo, permitindo que seus preços sejam mais competitivos e/ou que ofereçam margens de lucro superiores?

*Quanto mais leve a estrutura de custos, maior a competitividade da empresa.*

## Força da marca

- O reconhecimento pelos clientes da força da marca dos produtos e serviços da empresa permite intensificar a penetração no mercado, explorar novos segmentos ou obter outros ganhos estratégicos?

*Quanto maior a força da marca, maior a competitividade da empresa.*

## Infraestrutura

- A empresa tem infraestrutura e recursos-chave para sustentar seu sucesso? Realiza com eficiência os processos e atividades-chave necessários para a operação do negócio?

- Se necessário, a empresa pode acessá-los por meio de parcerias e fornecedores externos?

*Quanto melhor a infraestrutura, maior a competitividade da empresa.*

## Domínio tecnológico

- A empresa tem domínio sobre as tecnologias críticas que sustentam seu modelo de negócio e que contribuem para atender de modo efetivo às demandas de mercado identificadas?

*Quanto maior o domínio tecnológico, maior a competitividade da empresa.*

## Comunicação com o mercado

- Os esforços da empresa de comunicação com o mercado são baseados em estratégias, políticas e instrumentos que efetivamente contribuem para reforçar o posicionamento de marca de seus produtos e serviços e diferenciá-los da concorrência?

*Quanto mais efetiva a comunicação, maior a competitividade da empresa.*

## Qualidade do atendimento

- A empresa tem uma qualidade diferenciada de atendimento aos clientes?
- São empregados sistemas de gestão da qualidade, tecnologias e práticas de gestão de pessoas que tornam os momentos da verdade [15] com os clientes interações únicas e efetivamente satisfatórias?

*Quanto melhor a qualidade do atendimento, maior a competitividade da empresa.*

## Qualidade dos produtos e serviços

- O portfólio de produtos e serviços da empresa apresenta padrão de qualidade que atende às necessidades e supera as expectativas dos clientes-alvo?
- Essa qualidade é efetivamente percebida pelos clientes e traduzida em demanda pelos produtos e serviços da empresa?

*Quanto melhor a qualidade dos produtos e serviços, maior a competitividade da empresa.*

**15.** Termo cunhado por Ian Carlzon nos anos 1990, significando cada uma das várias interações mantidas pelos clientes com diferentes representantes da empresa durante a prestação do serviço.

**Capacidade financeira**

- A empresa tem uma gestão financeira sólida, geração de caixa positiva e acesso a fontes de financiamento que garantem sua sustentabilidade e capacidade de investimento?

*Quanto maior a capacidade financeira, maior a competitividade da empresa.*

## Instruções de preenchimento:

- Identifique os principais segmentos de mercado de atuação da empresa.
- Avalie as características da empresa frente aos fatores de atratividade e de competitividade.
- Posicione cada segmento de mercado nos quadrantes da matriz.
- Analise o gráfico resultante e identifique os segmentos de mercado mais atrativos.

## DIAGNÓSTICO ESTRATÉGICO DE FORÇAS E FRAQUEZAS

| Dimensões | Principais forças | Principais fraquezas |
|---|---|---|
| Modelo de negócio | | |
| Pensamento estratégico | | |
| Estrutura organizacional | | |
| Processos internos | | |
| Tecnologias empregadas | | |
| Práticas de gestão de pessoas | | |

## ANÁLISE DO PORTFÓLIO DE PRODUTOS E SERVIÇOS

| Estrelas | Interrogações |
|---|---|
| | |
| Vacas leiteiras | Abacaxis |
| | |

## ANÁLISE DO MACROAMBIENTE

| Econômicos | Político-legais |
|---|---|
| Demográficos | Socioculturais |
| Ambientais | Tecnológicos |

## ANÁLISE DO AMBIENTE COMPETITIVO (CONCORRÊNCIA)

| Critérios | Vantagens competitivas dos principais concorrentes | | | |
|---|---|---|---|---|
| | A | B | C | D |
| Abrangência do mix de produtos | | | | |
| Agressividade do marketing | | | | |
| Atratividade do preço | | | | |
| Capacidade de entrega | | | | |
| Estrutura relativa de custos | | | | |
| Força da marca | | | | |
| Instalações e estrutura física | | | | |
| Domínio tecnológico | | | | |
| Qualidade do atendimento | | | | |
| Qualidade dos produtos | | | | |
| Capacidade financeira | | | | |
| Outros | | | | |

## ANÁLISE DO AMBIENTE COMPETITIVO (FORÇAS COMPETITIVAS)

| Concorrência | Substitutos |
|---|---|
| Entrantes potenciais | Consumidores |
| Barreiras à entrada | Fornecedores |

## ANÁLISE DO AMBIENTE COMPETITIVO (ATRATIVIDADE DO MERCADO)

| Fatores de atratividade | Segmentos de mercado | | |
|---|---|---|---|
| | A | B | C |
| Barreiras de entrada e de saída | | | |
| Ciclo de vida do segmento | | | |
| Condições sociais, políticas e legais | | | |
| Intensidade da competição | | | |
| Nível de investimento requerido | | | |
| Rentabilidade histórica | | | |
| Tamanho do mercado | | | |
| Taxa de crescimento do mercado | | | |
| Tecnologia exigida | | | |
| Intensidade das mudanças | | | |
| Risco | | | |

## ANÁLISE DO AMBIENTE COMPETITIVO (COMPORTAMENTO DO CONSUMIDOR)

| Principais motivações | Tarefas realizadas |
|---|---|
| Dores percebidas | Ganhos esperados |

*Figura 18 — Canvas do Planejamento Estratégico de Marketing (Análise da Atratividade)*

## Como aplicar:

### 🌐 Caso prático

A empresa opera apenas na região Sudeste do país, com atuação predominante no estado do Rio de Janeiro. No processo de reestruturação pelo qual está passando, avalia sua atuação nos mercados atuais e ao mesmo tempo sua expansão para o interior do estado de São Paulo e para alguns estados no Nordeste, o que exige a **análise da atratividade** desses mercados em relação aos seguintes fatores, entre outros:

- **Barreiras de entrada e de saída** — o nível de investimento exigido para a abertura de novas lojas em uma escala razoável é elevado, e a empresa não apresenta nenhum diferencial competitivo claro para os clientes, o que os desestimula a experimentar novas ofertas. Os principais concorrentes têm operações muito consolidadas e bem-sucedidas em ambos os mercados.
- **Ciclo de vida do segmento** — o mercado da região Sudeste onde a empresa opera encontra-se na fase de maturidade. A extensão da curva de crescimento das lojas de departamentos depende da expansão para mercados ainda não atendidos, pois o modelo típico de negócio do setor está sob ameaça de novos concorrentes.
- **Condições sociais, políticas e legais** — o ambiente político e regulatório do país tem se mostrado extremamente instável e imprevisível, o que desestimula a tomada de decisões favoráveis a novos investimentos.
- **Exigência tecnológica** — a expansão para os novos mercados não é afetada por exigências tecnológicas relevantes que a empresa não consiga atender, assim como não há ameaças impostas por novos players com modelos de negócios disruptivos
- **Intensidade da concorrência** — a concorrência nesses novos segmentos de mercado em prospecção é muito intensa, com competidores qualificados e agressivos atuando e pouco dispostos a permitir a entrada de novos players sem uma reação contraofensiva clara.
- **Intensidade das mudanças** — o mercado de varejo é continuamente afetado por mudanças no comportamento do consumidor e por novos entrantes, mas lojas de departamento com modelos de negócio robustos encontram oportunidades de crescimento fora dos grandes centros urbanos, especialmente em cidades de médio porte, onde ainda há demanda a ser atendida.
- **Lucratividade do mercado** — lojas de departamento tipicamente operam com margem de lucro reduzida. No entanto, aquelas que encontram um "encaixe" perfeito entre sua oferta de valor e as necessidades dos consumidores conseguem desenvolver operações lucrativas.
- **Tamanho do mercado** — os novos segmentos de mercado em prospecção são grandes e muito atrativos do ponto de vista das vendas potenciais elevadas que podem ser obtidas, o que oferece boas perspectivas de retorno ao investimento.

## Exemplo

Um grande laboratório farmacêutico multinacional com atuação no mercado brasileiro decidiu mudar sua forma de atuação no país e em outros mercados emergentes com base na percepção dos seguintes fatores de atratividade desses mercados:

a) volume de vendas atual e potencial a ser gerado;
b) lucratividade histórica elevada obtida;
c) receptividade a um novo modelo de negócio diferente da concorrência;
d) condições sociais que estimulam a demanda por medicamentos, entre outros.

### Desafio para discussão em equipe

Você e sua equipe têm um conhecimento profundo dos principais fatores de atratividade dos diferentes segmentos de mercado de atuação da empresa, assim como entendem claramente que fatores são determinantes para tornar a empresa competitiva nesses segmentos, em comparação com seus concorrentes? Sua empresa orienta as decisões de alocação de recursos com base no entendimento do potencial dos diferentes segmentos de mercado?

Além de entender a estrutura competitiva da indústria, compreender como se comportam os principais competidores da empresa e com isso avaliar os segmentos de mercado que mais oferecem oportunidades a serem aproveitadas usando-se as vantagens competitivas do negócio e neutralizando suas fragilidades, é de fundamental importância analisar em detalhes o comportamento dos consumidores, especialmente nos segmentos que a empresa pretende priorizar.

# 16. Análise do Comportamento do Consumidor

ENTENDER EM PROFUNDIDADE AS MOTIVAÇÕES, interesses e desejos dos consumidores, para com isso determinar a proposta de valor mais apta a capturar a sua atenção, é imperativo para dar ao negócio a capacidade de competir de forma diferenciada com seus principais concorrentes.

## O que se pretende atingir:

- Identificar os diferentes segmentos de clientes potenciais a serem atendidos.
- Analisar o perfil, as características e o comportamento de compra desse público-alvo.
- Identificar suas demandas, interesses, problemas, necessidades e benefícios procurados.

## Conteúdo a ser desenvolvido:

Para cada segmento de clientes atendido pela empresa devem ser identificadas suas características básicas e os aspectos que ajudam a moldar seu comportamento de consumo, a fim de subsidiar o desenho da proposta de valor mais efetiva para satisfazer suas necessidades e que revele um encaixe adequado entre as expectativas do cliente e a oferta do negócio.

### Características sociodemográficas
- Idade, estado civil, sexo, renda e grau de instrução.
- Crenças religiosas, etnia e valores.
- Hábitos, costumes e estilo de vida.

### Motivações e necessidades

- Autorrealização — realizar algo com significado relevante.
- Empoderamento — impor-se e exercer liderança.
- Mudança — fazer coisas novas e desafiadoras.
- Autoestima — obter reconhecimento e visibilidade.
- Autonomia — tomar decisões por si só.
- Afiliação — ser aceito e pertencer a grupos comuns.
- Básicas — estar em segurança e com subsistência assegurada.

### Tarefas

- Funções que desempenha no trabalho ou na vida em geral.
- Problemas que precisa resolver.
- Necessidades que quer satisfazer.

### Ganhos

- Resultados que deseja obter.
- Benefícios que procura.

### Dores

- Dificuldades na realização das tarefas.
- Experiências ruins e riscos na realização de tarefas.
- Restrições à obtenção de ganhos.

## Questões a serem respondidas:

- Como os clientes da empresa podem ser caracterizados em seus mercados de atuação?
- Qual a percepção dos clientes sobre o portfólio de produtos e serviços da empresa?
- Que tipos de ganhos os clientes esperam obter?
- De que forma as propostas de valor dos atuais concorrentes agradam ou não aos clientes?
- O que aumenta a probabilidade dos clientes de adotarem uma proposta de valor?
- Que dores, problemas e necessidades os clientes esperam resolver?
- O que faz os clientes se sentirem mal e frustrados?
- Que propostas de valor existentes deixam a desejar?
- O que tira o sono e a tranquilidade dos clientes?
- Que barreiras impedem os clientes de adotarem uma proposta de valor?
- O que os clientes valorizam, pelo que e como estão dispostos a pagar?

## Instruções de preenchimento:

- Identifique os clientes nos principais segmentos de mercado de atuação da empresa.
- Caracterize esses clientes de acordo com seu perfil.
- Registre suas principais dores, problemas e necessidades que a empresa pode resolver.
- Registre os ganhos que eles esperam obter e os benefícios procurados.

## DIAGNÓSTICO ESTRATÉGICO DE FORÇAS E FRAQUEZAS

| Dimensões | Principais forças | Principais fraquezas |
|---|---|---|
| Modelo de negócio | | |
| Pensamento estratégico | | |
| Estrutura organizacional | | |
| Processos internos | | |
| Tecnologias empregadas | | |
| Práticas de gestão de pessoas | | |

## ANÁLISE DO PORTFÓLIO DE PRODUTOS E SERVIÇOS

| Estrelas | Interrogações |
|---|---|
| | |
| Vacas leiteiras | Abacaxis |
| | |

## ANÁLISE DO MACROAMBIENTE

| Econômicos | Político-legais |
|---|---|
| | |
| Demográficos | Socioculturais |
| | |
| Ambientais | Tecnológicos |
| | |

## ANÁLISE DO AMBIENTE COMPETITIVO (CONCORRÊNCIA)

| Critérios | Vantagens competitivas dos principais concorrentes | | | |
|---|---|---|---|---|
| | A | B | C | D |
| Abrangência do mix de produtos | | | | |
| Agressividade do marketing | | | | |
| Atratividade do preço | | | | |
| Capacidade de entrega | | | | |
| Estrutura relativa de custos | | | | |
| Força da marca | | | | |
| Instalações e estrutura física | | | | |
| Domínio tecnológico | | | | |
| Qualidade do atendimento | | | | |
| Qualidade dos produtos | | | | |
| Capacidade financeira | | | | |
| Outros | | | | |

## ANÁLISE DO AMBIENTE COMPETITIVO (FORÇAS COMPETITIVAS)

| Concorrência | Substitutos |
|---|---|
| | |
| Entrantes potenciais | Consumidores |
| | |
| Barreiras à entrada | Fornecedores |
| | |

## ANÁLISE DO AMBIENTE COMPETITIVO (ATRATIVIDADE DO MERCADO)

| Fatores de atratividade | Segmentos de mercado | | |
|---|---|---|---|
| | A | B | C |
| Barreiras de entrada e de saída | | | |
| Ciclo de vida do segmento | | | |
| Condições sociais, políticas e legais | | | |
| Intensidade da competição | | | |
| Nível de investimento requerido | | | |
| Rentabilidade histórica | | | |
| Tamanho do mercado | | | |
| Taxa de crescimento do mercado | | | |
| Tecnologia exigida | | | |
| Intensidade das mudanças | | | |
| Risco | | | |

## ANÁLISE DO AMBIENTE COMPETITIVO (COMPORTAMENTO DO CONSUMIDOR)

| Principais motivações | Tarefas realizadas |
|---|---|
| | |
| Dores percebidas | Ganhos esperados |
| | |

*Figura 19 — Canvas do Planejamento Estratégico de Marketing — Análise do Comportamento do Consumidor*

## Como aplicar:

### 🌐 Caso prático

O perfil do cliente típico atendido pela empresa em sua rede de lojas apresenta as seguintes características que ajudam a definir seu comportamento de consumo:

#### Características sociodemográficas
- Predominantemente do sexo feminino, casada, idade entre 25 e 60 anos, grau de instrução médio e renda média. Trabalha fora de casa, mas valoriza suas relações familiares e os cuidados com a residência.

#### Motivações e necessidades
- A principal motivação desse cliente é obter uma boa relação custo-benefício com a compra de produtos de qualidade, além de obter reconhecimento e visibilidade social.

#### Tarefas
- O principal problema que essa mulher espera resolver em sua vida cotidiana é poder encontrar tudo o que deseja em um único lugar.

#### Ganhos
- O benefício central desejado por essa cliente em relação à rede de lojas é conseguir atender às necessidades da família, da casa e seus interesses e desejos pessoais através do portfólio de produtos oferecido.

#### Dores
- A principal frustração sentida por essa cliente é a dificuldade de encontrar empresas que ofereçam experiências de consumo plenas e satisfatórias onde tudo o que se espera possa ser resolvido.

Tendo a empresa um modelo de negócio concebido para atender a esse público-alvo, é necessário avaliar se os clientes potenciais existentes nos mercados do interior do estado de São Paulo e nos estados no Nordeste apresentam características similares que permitam a **reprodução do mesmo modelo de negócio** ou se esses mercados exigem **adaptações na forma de operar** da empresa.

**REFERÊNCIA**
OSTERWALDER, ALEXANDER. *Value Proposition Design*. São Paulo, HSM. 2014.

## Exemplo

Um dos principais competidores no mercado brasileiro de bens de consumo, uma grande empresa multinacional, apostou nos últimos anos em uma estratégia diferente da habitual em momentos de crise — simplificar o portfólio de produtos e se concentrar nas marcas-chave de maior valor agregado, em vez de se apoiar em lançar produtos mais baratos, reduzir preços ou fazer promoções de venda intensivas. A explicação? Sua percepção de que os consumidores em um contexto como o atual priorizam a segurança de marcas conhecidas e modificam alguns hábitos de consumo, valorizando a compra de produtos de qualidade para serem consumidos em casa, em substituição ao consumo de serviços de alimentação, beleza, saúde, entre outros.

> **Desafio para discussão em equipe**
>
> Você e sua equipe entendem as principais motivações dos clientes que estimulam seu comportamento de compra? O conhecimento do perfil dos clientes é adequadamente internalizado na empresa, subsidiando decisões acerca da concepção, revisão e operação do modelo de negócio? Existe um encaixe satisfatório entre as expectativas dos clientes e aquilo que a empresa efetivamente oferece por meio de seus produtos e serviços?

É necessário, ainda, entender como os diferentes setores da economia podem ter sua estrutura analisada com base no modelo das cinco forças competitivas de Michael Porter, segundo o qual a natureza e a intensidade da concorrência em qualquer segmento de mercado são condicionadas pela dinâmica e interação das forças competitivas da indústria, não se limitando às empresas participantes já existentes.

## 17. Análise da Indústria

PARA ENTENDER O COMPORTAMENTO DOS MERCADOS, além de compreender os movimentos competitivos dos concorrentes estabelecidos, é preciso analisar como os fornecedores e consumidores exercem pressão sobre as empresas e como os produtos substitutos e os novos entrantes potenciais representam ameaças para as empresas já atuantes.

### O que se pretende atingir:

- Descrever as forças competitivas que definem a dinâmica de competição do mercado.
- Analisar o comportamento dessas forças competitivas e sua influência sobre a concorrência.
- Entender a natureza do mercado e as oportunidades e ameaças existentes.

### Conteúdo a ser desenvolvido:

Para cada segmento de atuação da empresa, deve ser descrito como as forças competitivas[16] do mercado e seus componentes produzem efeitos relevantes sobre a dinâmica de competição, influenciando a natureza da concorrência e os movimentos competitivos adotados pelos principais players.

**16.** A rivalidade entre os concorrentes, a pressão dos clientes e dos fornecedores e a ameaça de novos entrantes e de produtos substitutos são as forças que definem a dinâmica da concorrência nos mercados.

### Entrantes potenciais

- A ameaça de novas empresas entrarem no mercado, rompendo as barreiras existentes, pode intensificar a dinâmica de competição.

*Quanto maior a ameaça, maior o incentivo à adoção de movimentos competitivos preventivos pelas empresas já estabelecidas no mercado.*

### Rivalidade entre os concorrentes

- A rivalidade entre os competidores estabelecidos é consequência de múltiplas interações e relações de causa e efeito entre as várias decisões estratégicas de mercado tomadas por cada empresa.

*Quanto mais agressivos os competidores e menos favoráveis as condições de mercado, maior o incentivo à adoção de movimentos competitivos pelas empresas estabelecidas.*

### Pressão de produtos e serviços substitutos

- A concorrência precisa ser entendida de forma mais ampla, para além dos produtos e serviços oferecidos pelos concorrentes diretos, levando sempre em conta a concorrência indireta representada por empresas que oferecem diferentes soluções capazes de entregar os mesmos benefícios procurados pelos consumidores.

*Quanto mais atrativa a alternativa de custo-benefício oferecida pelos produtos e serviços substitutos, maior será a pressão sobre os resultados da empresa.*

## Poder de negociação dos clientes

- A relação de forças entre as empresas estabelecidas no mercado e seus clientes influencia os movimentos competitivos que elas adotam.

*Quanto maior o poder de barganha dos clientes, em especial em mercados de concorrência mais acirrada, maior será a pressão sobre os resultados da empresa.*

## Poder de negociação dos fornecedores

- A relação de forças entre as empresas estabelecidas no mercado e seus fornecedores influencia os movimentos competitivos que elas adotam.

*Quanto maior o poder de barganha dos fornecedores, em especial em mercados de concorrência mais acirrada, maior será a pressão sobre os resultados da empresa.*

# Questões a serem respondidas:

## Entrantes potenciais

- A obtenção de economias de escala (declínio dos custos unitários decorrente do aumento de volume) é determinante para garantir competitividade nos segmentos de mercado de atuação da empresa?
- O grau de diferenciação dos produtos da empresa contribui para desenvolver fortes sentimentos de lealdade e fidelidade nos clientes?
- A entrada de novos competidores nos segmentos de atuação da empresa exige elevados níveis de investimento?
- Para os clientes nos segmentos de mercado em que a empresa atua, os custos de mudar de fornecedor são elevados?

- A utilização dos canais de distribuição pelas empresas já atuantes no segmento de mercado dificulta o acesso de novos competidores?
- A curva de experiência e aprendizado já trilhada pelas empresas atuantes no segmento de mercado aumenta de forma relevante sua eficiência e competitividade?
- Existem limitações para a atuação das empresas no segmento de mercado impostas por políticas governamentais e regulamentações setoriais?

*Quanto maior a intensidade desses elementos, maiores serão as barreiras à entrada de novos competidores e a proteção de mercado das atuais empresas.*

## Rivalidade entre os concorrentes

- A presença de muitos concorrentes nos segmentos de mercado em que a empresa atua estimula a adoção de movimentos competitivos mais agressivos?
- Existe uma forte concorrência entre as empresas por maior participação nos segmentos de mercado em função de sua baixa taxa de crescimento?
- Os custos fixos das empresas concorrentes nesses segmentos de mercado são elevados a ponto de pressionar continuamente a eliminação de sua capacidade ociosa?
- O preço é o principal influenciador da decisão de compra dos clientes nesses segmentos em função da ausência de diferenciação dos produtos e serviços?
- Fatores econômicos, estratégicos e emocionais impõe barreiras que restringem a saída dos competidores do mercado?

*Quanto maior a intensidade desses elementos, maior será a rivalidade entre os concorrentes da empresa em seus segmentos de atuação.*

## Pressão de produtos e serviços substitutos

- Existem empresas atuantes em outros mercados oferecendo produtos e serviços diferentes, porém capazes de entregar os mesmos benefícios aos clientes?
- Os segmentos de mercado de atuação da empresa sofrem a ameaça de obsolescência de seus produtos e serviços?
- Processos de mudança disruptiva provocados pela introdução de novas tecnologias estão ocorrendo nos segmentos de mercado em que a empresa atua?

*Quanto maior a intensidade desses elementos, maior será a pressão sobre as empresas concorrentes nesse segmento de mercado.*

## Poder de negociação dos clientes

- Nos segmentos de atuação da empresa existe uma relação de dependência de clientes que realizam compras de grandes volumes?
- É fácil para os clientes selecionar fornecedores alternativos à empresa em função dos produtos e serviços serem padronizados e sem diferenciação?
- Os clientes são muito sensíveis ao preço dos produtos e serviços adquiridos devido a seu custo relativo elevado?
- Os clientes podem ameaçar as empresas do segmento de mercado de integração para trás, tornando-se capazes de se autossuprir dos produtos ou serviços?
- Os clientes são pressionados pela baixa lucratividade de seus negócios ou por suas restrições orçamentárias, e assim pressionam as empresas por condições de fornecimento mais favoráveis?

*Quanto maior a intensidade desses elementos, maior será a pressão exercida pelos clientes sobre as empresas nesse segmento de mercado.*

**Poder de negociação dos fornecedores**

- Existem poucos fornecedores dos principais insumos necessários ao negócio da empresa?
- A estrutura da indústria fornecedora desses insumos é mais concentrada e formada por empresas de maior porte?
- A empresa não tem opções de escolha de novos fornecedores pela ausência de produtos substitutos?
- Os fornecedores têm produtos e serviços com diferenciação relevante, dificultando a comparação e a mudança entre fornecedores e fragilizando a empresa?
- Os fornecedores podem ameaçar as empresas do segmento de mercado de integração para a frente, tornando-se capazes de desenvolver seus próprios canais de distribuição?

*Quanto maior a intensidade desses elementos, maior será a pressão exercida pelos fornecedores sobre as empresas nesse segmento de mercado.*

## Instruções de preenchimento:

- Identifique os componentes das principais forças competitivas nos segmentos de mercado de atuação da empresa.
- Registre como a empresa é afetada por tais pressões externas.
- Avalie o grau em que tais influências externas representam oportunidades ou ameaças ao negócio da empresa.

## DIAGNÓSTICO ESTRATÉGICO DE FORÇAS E FRAQUEZAS

| Dimensões | Principais forças | Principais fraquezas |
|---|---|---|
| Modelo de negócio | | |
| Pensamento estratégico | | |
| Estrutura organizacional | | |
| Processos internos | | |
| Tecnologias empregadas | | |
| Práticas de gestão de pessoas | | |

## ANÁLISE DO PORTFÓLIO DE PRODUTOS E SERVIÇOS

| Estrelas | Interrogações |
|---|---|
| | |
| Vacas leiteiras | Abacaxis |
| | |

## ANÁLISE DO AMBIENTE COMPETITIVO (CONCORRÊNCIA)

| Critérios | Vantagens competitivas dos principais concorrentes | | | |
|---|---|---|---|---|
| | A | B | C | D |
| Abrangência do mix de produtos | | | | |
| Agressividade do marketing | | | | |
| Atratividade do preço | | | | |
| Capacidade de entrega | | | | |
| Estrutura relativa de custos | | | | |
| Força da marca | | | | |
| Instalações e estrutura física | | | | |
| Domínio tecnológico | | | | |
| Qualidade do atendimento | | | | |
| Qualidade dos produtos | | | | |
| Capacidade financeira | | | | |
| Outros | | | | |

## ANÁLISE DO AMBIENTE COMPETITIVO (ATRATIVIDADE DO MERCADO)

| Fatores de atratividade | Segmentos de mercado | | |
|---|---|---|---|
| | A | B | C |
| Barreiras de entrada e de saída | | | |
| Ciclo de vida do segmento | | | |
| Condições sociais, políticas e legais | | | |
| Intensidade da competição | | | |
| Nível de investimento requerido | | | |
| Rentabilidade histórica | | | |
| Tamanho do mercado | | | |
| Taxa de crescimento do mercado | | | |
| Tecnologia exigida | | | |
| Intensidade das mudanças | | | |
| Risco | | | |

## ANÁLISE DO MACROAMBIENTE

| Econômicos | Político-legais |
|---|---|
| | |
| Demográficos | Socioculturais |
| | |
| Ambientais | Tecnológicos |
| | |

## ANÁLISE DO AMBIENTE COMPETITIVO (FORÇAS COMPETITIVAS)

| Concorrência | Substitutos |
|---|---|
| Entrantes potenciais | Consumidores |
| Barreiras à entrada | Fornecedores |

## ANÁLISE DO AMBIENTE COMPETITIVO (COMPORTAMENTO DO CONSUMIDOR)

| Principais motivações | Tarefas realizadas |
|---|---|
| Dores percebidas | Ganhos esperados |

ANÁLISE DA INDÚSTRIA

*Figura 20 — Canvas do Planejamento Estratégico de Marketing — Análise da Indústria*

## Como aplicar:

### 🌐 Caso prático

O setor varejista no qual a rede de lojas de departamentos se encontra, e especialmente esse segmento de mercado em que atua, é caracterizado por forte competição, muita dispersa por um lado, e por outro com a presença de empresas de grande porte espalhadas por territórios mais amplos no país. A **análise desse mercado** envolve grandes desafios para a empresa:

#### Entrantes potenciais

- Como tem uma operação menor do que a de grandes players nesse mercado, a empresa não se aproveita de todo o potencial das economias de escala que obteria nas negociações com fornecedores para a compra de grandes volumes de alguns itens, e custos baixos das mercadorias vendidas são fator competitivo muito importante nesse segmento.

- O fato de estar passando por um processo de reestruturação representa um fator limitador para a realização dos investimentos necessários para a abertura das novas lojas, notadamente se o desejo for iniciar operações em cidades já ocupadas por concorrentes importantes e em relação aos quais a empresa não tem uma oferta diferenciada, apesar de não haver custos de mudança relevantes para os consumidores. Esses fatores combinados podem dificultar seu processo de expansão para os novos mercados.

#### Rivalidade entre os concorrentes

- Existe uma concorrência muito agressiva nesse segmento varejista, ora representada por muitas pequenas e médias empresas, ora representada por alguns grandes grupos nacionais e multinacionais. Por um lado, os movimentos competitivos adotados pelos diversos competidores menores nem sempre podem ser percebidos, e por outro a empresa pode não ter condições de implementar ações contraofensivas aos grandes concorrentes em função de suas fragilidades internas.

- Como o preço é um dos fatores principais que influenciam a decisão de compra dos clientes nesse segmento, a empresa precisa encontrar uma solução de equilíbrio para seu portfólio de produtos, reforçando seu posicionamento de valor — produtos de boa qualidade com preços acessíveis ao perfil do seu público-alvo.

#### Pressão de produtos e serviços substitutos

- O modelo de negócio da empresa, além de tradicional como nas demais lojas de departamentos e também no segmento varejista em geral, se destaca pela inexistência de uma operação de comércio eletrônico, o que pode representar uma fragilidade a mais em relação à ameaça da concorrência.

- Diante de modelos de negócios disruptivos em desenvolvimento nos mais variados setores da economia e de concorrentes ágeis e com grande tradição no mercado, a empresa precisa considerar a ameaça de obsolescência de seus produtos e serviços e avaliar sua capacidade de inovação em processos e em tecnologia.

**Poder de negociação dos clientes**

- Os clientes da empresa têm renda média e, diante de um cenário de retração da atividade econômica e aumento do desemprego, estão especialmente sensíveis às suas restrições orçamentárias, o que representa uma ameaça para um negócio que precisa ter preços competitivos e trabalha com margens de lucro reduzidas, e tendo que se levar em consideração que para os consumidores os custos de mudança são muito baixos nesse setor.

## Exemplos

Uma grande rede varejista com forte atuação no Sul do país, apesar de ter um modelo de negócio tradicional em meio a tantas inovações, tem baseado sua estratégia bem-sucedida de expansão para novos mercados na abertura de lojas em cidades de médio porte no interior, fora dos grandes centros urbanos, fugindo da concorrência de outras redes e dos varejistas instalados em shopping centers. Oferece preços baixos, uma enorme variedade de produtos e um ambiente em suas lojas capaz de atrair e fidelizar os clientes.

**Poder de negociação dos fornecedores**

- A relação com os fornecedores nesse segmento de mercado é crucial. A empresa tem renegociado as condições de suprimento de produtos com seus fornecedores mais importantes, procurando se adequar a sua nova realidade financeira durante esse processo de reestruturação, e ao mesmo tempo tentando forjar uma relação de parceria que envolva preços baixos e fornecimento de produtos em quantidades menores e com potencial de giro mais rápido.

- Como especialmente no segmento de vestuário existem muitos fornecedores de pequeno e médio porte espalhados por todo o país, existe a possibilidade de a empresa desenvolver canais alternativos de suprimentos, tornando-se menos dependente de fornecedores que apresentem poder de negociação muito elevado.

**REFERÊNCIA**
PORTER, MICHAEL. *Estratégia Competitiva*. Rio de Janeiro. Campus. 2004.

> **Exercício**
>
> Segundo qual modelo de análise de mercado a chegada de "Novos Entrantes" em um determinado segmento deverá ser motivo de preocupação para as empresas concorrentes já atuantes?
>
> a) Análise SWOT.
> b) Análise do Ciclo de Vida de Produtos.
> c) Análise do Portfólio de Produtos.
> d) Análise da Indústria de Porter.

Resposta certa: (d)

O uso das diferentes ferramentas de análise de mercado traz à tona uma variedade de informações sobre a dinâmica de funcionamento dos setores de atividade econômica de interesse da empresa, sejam os segmentos de mercado em que ela já atua, sejam aqueles em que avalia a possibilidade de entrar.

Esse diagnóstico do mercado é o que permite a identificação dos principais pontos fortes e fracos do negócio, ao mesmo tempo em que são mapeadas as principais ameaças e oportunidades para a empresa. Só esse conhecimento profundo do mercado permite que a empresa analise, do ponto de vista estratégico, quais são os pontos críticos para o sucesso do negócio, se seu modelo de negócio é robusto e quais são os objetivos que a empresa deve perseguir.

## 18. Segmentação de Mercado

PARA CADA UM DOS SEGMENTOS DE MERCADO de interesse da empresa é preciso que se aprofundem e detalhem os critérios de identificação dos públicos-alvo prioritários aos quais a empresa pretende direcionar a oferta de valor do negócio. Diferentes segmentos de clientes podem ser identificados. E devem ser explorados aqueles que oferecem à empresa as possibilidades de retorno mais interessantes.

### O que se pretende atingir:

- Identificar os diferentes segmentos de clientes com potencial de geração de negócios para a empresa.
- Definir o tamanho, a taxa de crescimento, a viabilidade da operação e a rentabilidade potencial de cada segmento de clientes.
- Selecionar os segmentos de clientes mais relevantes e coerentes com o modelo de negócio da empresa.

### Conteúdo a ser desenvolvido:

Para cada segmento de mercado devem ser identificados grupos de clientes que se comportam de maneira semelhante ou que apresentam necessidades e preferências comuns, constituindo segmentos com potencial de geração de negócios para a empresa e que podem ser identificados a partir dos seguintes critérios.

- **Segmentação geográfica** — feita por países, estados, regiões, cidades, bairros, comunidades ou localidades específicas.
- **Segmentação demográfica** — feita por sexo, idade, raça, renda, classe social ou critérios geográficos.
- **Segmentação psicográfica** — baseada na divisão dos consumidores por seu estilo de vida, personalidade e valores (inovadores, experimentadores, conservadores, empreendedores, céticos etc.).

- **Segmentação comportamental** — os consumidores podem ser identificados por seu status de usuário (não usuário, ex-usuário, usuário, usuário potencial, usuário iniciante, usuário regular e *heavy user*), pelo papel decisório no processo de compra (iniciador, influenciador, decisor, comprador e usuário), pelas atitudes em relação ao produto ou serviço (entusiasta, positiva, indiferente, negativa e hostil), pelo grau de envolvimento com o produto ou serviço (desconhecimento, conhecimento, interesse, desejo e com intenção de compra), entre outros.

## Questões a serem respondidas:

- É possível identificar grupos de consumidores com características comuns levando em consideração sua distribuição por sexo, idade, raça, renda e classe social? Critérios geográficos como países, estados, regiões, cidades, bairros, comunidades ou localidades específicas também podem ser usados com essa finalidade?
- Os consumidores podem ser divididos por seu estilo de vida, personalidade e valores (inovadores, experimentadores, conservadores, empreendedores, céticos etc.)?
- Os segmentos de clientes também podem ser identificados por seu status de usuário (não usuário, ex-usuário, usuário, usuário potencial, usuário iniciante, usuário regular e *heavy user*)?
- Ou pelo papel decisório que representam no processo de compra (iniciador, influenciador, decisor, comprador e usuário)?
- As atitudes dos consumidores em relação aos produtos e serviços (entusiasta, positiva, indiferente, negativa e hostil) e sobre o grau de envolvimento com os produtos e serviços (desconhecimento, conhecimento, interesse, desejo e com intenção de compra) também levam à identificação de segmentos específicos de clientes?
- Os segmentos de clientes eventualmente identificados têm relevância do ponto de vista de seu tamanho, taxa de crescimento e rentabilidade potencial do negócio, além de demonstrarem a viabilidade da operação para satisfazer suas necessidades?

## Instruções de preenchimento

- Identifique os clientes nos principais segmentos de mercado de atuação da empresa.
- Caracterize esses clientes de acordo com seu perfil.
- Avalie os segmentos de clientes que parecem mais relevantes para a geração de negócios.
- Aponte os segmentos de clientes que representam as maiores oportunidades.
- Por se tratar de um modelo de análise complementar à Análise do Comportamento do Consumidor (Capítulo 16; Figura 19), os resultados obtidos na Segmentação de Mercado devem ser aportados e preenchidos no mesmo espaço do CANVAS.

## Como aplicar:

### 🌐 Caso prático

O perfil do cliente típico atendido pela empresa em sua rede de lojas apresenta as seguintes características que ajudam a definir seu **comportamento de consumo**:

#### Características sociodemográficas

- Predominantemente do sexo feminino, casada, idade entre 25 e 60 anos, grau de instrução médio e renda média. Trabalha fora de casa, mas valoriza suas relações familiares e os cuidados com a residência.

#### Características psicográficas

- Cliente tipicamente conservadora, valoriza a segurança e o bem-estar da família, sensível às tendências da moda e preocupada em sentir-se aceita e integrada em seus diferentes ambientes de convivência.

#### Características comportamentais

- Consumidora usuária da rede de lojas, mas não fiel à marca. Por ser financeiramente independente, costuma tomar as decisões de compra, mas sempre levando em conta os interesses da família. Tem uma imagem positiva da empresa, apesar de não apresentar um envolvimento afetivo com ela. Conhece bastante bem o portfólio de produtos encontrado nas lojas da rede e também na concorrência.

---

### Exercício

Segmentação em marketing significa:

a) A divisão de ações de marketing de forma estratégica.
b) A divisão do mercado consumidor em semelhantes necessidades e desejos.
c) A divisão de produtos em segmentos, linhas de produtos e categorias.
d) A divisão do mercado em tipos de produtos e serviços.

*Resposta certa: (b)*

# PARTE 4
*ANÁLISE ESTRATÉGICA DE MERCADO*

**A ETAPA DE ANÁLISE ESTRATÉGICA REPRESENTA** um estágio intermediário essencial entre as etapas de Diagnóstico Estratégico e de Planejamento Estratégico, pois todo o esforço de formulação de objetivos e estratégias de negócio deve ser resultante da capacidade da empresa de entender quais são os desafios de mercado que faz sentido enfrentar em função das vantagens competitivas geradas pelos pontos fortes de seu negócio, e quais talvez deva abandonar se não for capaz de lidar com os pontos fracos que a deixam mais vulnerável.

O entendimento das forças e fraquezas do negócio e sua confrontação com as oportunidades e ameaças do ambiente externo permitem que a empresa identifique as alavancas do negócio que potencializam o aproveitamento das oportunidades, as defesas que as protegem das ameaças, as restrições que as impedem de avançar e os problemas mais graves que as deixam vulneráveis diante das pressões do mercado.

Nesse processo, relacionado ao esforço de realização da Análise SWOT, também é importante que a empresa identifique quais são os fatores críticos determinantes para o sucesso nos segmentos de mercados em que atua ou pretende atuar, sem os quais o enfrentamento bem-sucedido dos desafios existentes é muito pouco provável.

Fatores críticos de sucesso podem estar associados a inúmeros aspectos da gestão, e precisam ser entendidos sistemicamente em todas as conexões que possam ser estabelecidas entre:

- Diferenciação do produto
- Logística de distribuição
- Tecnologias de produção
- Preço competitivo
- Capital para investimento
- Localização industrial
- Pontos de venda
- Suprimento de matérias-primas
- Mão de obra qualificada, entre outros

Paralelamente, todo o esforço de análise estratégica realizado contribui para que cada empresa encontre as melhores referências de boas práticas de gestão, dentro e fora de seus mercados de atuação. A prática do *benchmarking* faz com que os competidores percebam formas de otimizar seus recursos e reduzir o tempo necessário para trilhar a curva de experiência e aprendizado necessária para tornar o negócio competitivo.

Assim, a etapa de Análise Estratégica produz novas informações que permitem à empresa priorizar os objetivos que mais contribuem para potencializar as vantagens do negócio e para enfrentar suas fragilidades, pois o entendimento da realidade, dos cenários atuais e futuros e das possibilidades da empresa diante do ambiente de negócios indicam os melhores caminhos a serem seguidos.

Nesta etapa de Análise Estratégica ainda é preciso responder com clareza se as necessidades dos clientes são plenamente atendidas e se os benefícios proporcionados pela empresa são suficientes para manter sua fidelidade ao negócio. O que a empresa oferece ao mercado é exatamente aquilo que ele está interessado em receber? O modelo de negócios em vigor ainda é robusto e faz sentido? Ou tem que ser modificado para garantir a sustentabilidade do negócio?

Mudanças no ambiente de negócios podem levar a uma necessária revisão crítica do modelo de negócio da empresa. Um modelo de negócios bem-sucedido não se eterniza no tempo. As competências organizacionais que explicam hoje o sucesso de um negócio podem não se manter mais adequadas a uma realidade em transformação.

Se o modelo de negócio estabelecido faz sentido, é preciso definir o posicionamento do negócio diante dos diferentes segmentos de atuação da empresa, levando-se em conta a percepção de seus diferentes públicos-alvo e a forma de atuação dos seus principais concorrentes. É preciso posicionar o modelo de negócios na mente dos consumidores atuais e potenciais, definindo-se uma identidade única do negócio e sua diferenciação em relação às ofertas concorrentes.

# 19. Análise SWOT

A ANÁLISE SWOT (*STRENGTHS, WEAKNESSES, OPPORTUNITIES, THREATS*) permite a confrontação dos pontos fortes e fracos da empresa com as ameaças e oportunidades oferecidas pelo ambiente externo. Trata-se de uma ferramenta que permite a consolidação de todo o esforço de diagnóstico estratégico realizado até então, por meio da análise sistêmica de todos os subsídios de informação que as ferramentas de análise de mercado até então aplicadas proporcionaram.

## O que se pretende atingir:

- Consolidar as informações obtidas nas análises de mercado anteriormente realizadas na etapa de Diagnóstico Estratégico.
- Identificar as forças e vantagens competitivas da empresa que permitem alavancar as oportunidades de mercado.
- Identificar as forças e vantagens competitivas da empresa que servem como defesas que neutralizam as ameaças de mercado.
- Identificar as fraquezas da empresa que representam restrições que dificultam o aproveitamento das oportunidades de mercado.
- Identificar as fraquezas da empresa que tornam as ameaças de mercado um problema de risco elevado a ser resolvido.

## Conteúdo a ser desenvolvido:

Para cada segmento de atuação da empresa devem ser consolidados os pontos fortes e fracos da empresa, assim como as ameaças e oportunidades de mercado, integrando os resultados obtidos com o emprego das ferramentas de análise de mercado aplicadas na etapa de Diagnóstico Estratégico, e representando, assim, a base para a elaboração de objetivos e formulação estratégica.

## Pontos fortes e fracos da empresa

- Capital humano
- Comunicação com o mercado
- Comunicação interna
- Cultura organizacional orientada à excelência
- Domínio tecnológico
- Geração de caixa
- Gestão comercial
- Imagem de marca
- Infraestrutura e instalações
- Inteligência de mercado
- Qualidade do portfólio de produtos e serviços
- Sistemas de atendimento a clientes etc.

*É preciso entender sob uma perspectiva sistêmica como diferentes fatores do modelo de gestão da empresa tornam a sua atuação no mercado mais forte ou mais vulnerável, o que requer uma análise ampla das múltiplas dimensões organizacionais.*

## Ameaças e oportunidades de mercado

- Agressividade da concorrência
- Aumento do emprego e da renda
- Crescimento rápido dos segmentos de mercado
- Custos crescentes de insumos críticos
- Mudanças ambientais
- Mudanças macroeconômicas
- Mudanças no comportamento do consumidor
- Mudanças regulatórias e legais
- Surgimento de novas tecnologias etc.

*É preciso analisar de forma integrada como diferentes variáveis externas podem afetar o modelo de gestão da empresa e tornar a sua atuação no mercado mais forte ou mais vulnerável, o que requer uma visão abrangente do ambiente externo do negócio.*

## Questões a serem respondidas:

- Que pontos fortes permitem capitalizar oportunidades de mercado, representando vantagens competitivas que se tornam alavancas do negócio?
- Que pontos fortes protegem o negócio de ameaças externas, tornando-se defesas que devem ser monitoradas e aperfeiçoadas continuamente?
- Que pontos fracos impedem ou dificultam o aproveitamento de oportunidades de mercado, representando restrições do modelo de gestão da empresa que exigem melhorias?
- Que pontos fracos deixam a empresa vulnerável diante das ameaças externas, tornando-se problemas que precisam ser rapidamente resolvidos?

### Exercício

Na estrutura geral do Planejamento Estratégico de Marketing, é correto afirmar que:

a) A Análise SWOT contribui para a definição dos objetivos organizacionais e para a formulação de estratégias de negócio.
b) A análise do macroambiente é o ponto crítico para a definição das políticas e estratégias de marketing das organizações.
c) A análise do microambiente (forças internas de uma organização) é mais conhecida como Análise SWOT.
d) A análise do microambiente de uma empresa é importante, mas não é fundamental para o resultado final da Análise SWOT.

*Resposta certa: (a)*

## Instruções de preenchimento:

- Identificar os pontos fortes e fracos da empresa.
- Identificar as oportunidades e ameaças de mercado.
- Estabelecer os relacionamentos entre as quatro dimensões.
- Identificar as alavancas, defesas, restrições e problemas.

| ANÁLISE SWOT ||
|---|---|
| Alavancas | Restrições |
|  |  |
| Defesas | Problemas |
|  |  |

| MELHORES PRÁTICAS DE MERCADO | FATORES CRÍTICOS DE SUCESSO |
|---|---|
|  |  |

| MODELO DE NEGÓCIO ||
|---|---|
| Segmentos de clientes |  |
| Proposta de valor |  |
| Canais |  |
| Relacionamento com clientes |  |
| Fontes de receitas |  |
| Parceiros-chave |  |
| Atividades e processos-chave |  |
| Recursos-chave |  |
| Estrutura de custos |  |

*Figura 21 — Canvas do Planejamento Estratégico de Marketing — Análise SWOT*

## Como aplicar:

### 🌐 Caso prático

O setor varejista no qual a rede de lojas de departamentos opera se encontra sob forte pressão competitiva, e a empresa em particular lida com um ambiente de negócios e uma realidade interna em transformação, ora representando fortes **ameaças** a seu modelo de negócio, ora trazendo novas **oportunidades**, as quais a empresa precisa enfrentar potencializando **seus pontos fortes** e diminuindo o efeito negativo de seus **pontos fracos**.

A **Análise SWOT** é a ferramenta utilizada para estabelecer um vínculo claro entre as etapas de Análise Estratégica e de Planejamento Estratégico, sendo utilizada pela empresa como subsídio para a definição de seus objetivos de negócio e para a formulação das estratégias de mercado a serem adotadas.

**Oportunidades**
- Demanda potencial de cidades de médio porte no interior
- Potencial de consumo das camadas de renda média da população
- Tamanho do mercado brasileiro
- Crescimento constante do segmento de moda/vestuário
- Juros em queda para financiamento de atividades produtivas

**Ameaças**
- Tamanho dos principais concorrentes
- Aumento do desemprego e diminuição da renda
- Elevação do padrão de consumo dos clientes-alvo
- Novos entrantes nos mesmos segmentos de atuação
- Surgimento de novas tecnologias e serviços disruptivos

**Pontos fortes**
- Capital humano
- Imagem da marca
- Infraestrutura e instalações das lojas
- Inteligência de mercado
- Qualidade do portfólio de produtos

**Pontos fracos**
- Comunicação com o mercado
- Domínio tecnológico
- Geração de caixa
- Gestão comercial e logística
- Sistemas de atendimento a clientes

A **análise SWOT**, portanto, permite identificar os relacionamentos existentes entre as dimensões do modelo, tornando evidentes os fatores potencializadores e limitadores do negócio.

### Alavancas

- O modelo de negócio da empresa, voltado para o público-alvo de renda média, está bem posicionado para aproveitar as oportunidades existentes nas cidades de médio porte do interior do país. Uma marca sólida, as boas instalações de suas lojas e o portfólio de produtos de boa qualidade com foco no perfil de seus clientes representam grande potencial para alavancar novos negócios e explorar a demanda potencial existente na economia brasileira.

### Defesas

- Para se defender da ameaça representada pelos grandes concorrentes, a empresa pode usar seu conhecimento das características e mudanças de mercado para adequar sua oferta às novas localidades que pretende explorar. E seu portfólio de produtos de boa qualidade vendidos a preços competitivos se adequa muito bem a um contexto em que os consumidores valorizam cada vez mais obter uma boa relação custo-benefício naquilo que compram.

### Restrições

- A baixa geração de caixa do negócio pode contribuir para diminuir a capacidade de investimento da empresa, dificultando a realização dos investimentos na abertura de novas lojas no ritmo desejado. Todo o potencial de consumo existente no mercado pode ser subaproveitado em função das limitações tecnológicas e logísticas da empresa e do volume reduzido de recursos aplicados na comunicação com seus clientes e público-alvo.

### Problemas

- A principal vulnerabilidade da empresa pode ser explicada pela insuficiência de seus recursos financeiros e tecnológicos e pela fragilidade de sua comunicação com o mercado para fazer frente ao poder competitivo dos principais concorrentes de grande porte existentes e à agilidade de empresas menores e bem posicionadas no mercado.

### Desafio para discussão em equipe

Está claro para você e sua equipe que a confrontação dos pontos fortes e fracos da empresa com as oportunidades e ameaças do mercado permitem a identificação dos fatores críticos de sucesso para o negócio? E que isso é fundamental para o processo de definição dos objetivos estratégicos do negócio? Que objetivos priorizar? Potencializar as vantagens competitivas da empresa frente a seus concorrentes? Lidar com suas restrições? Eliminar os problemas que deixam o negócio mais vulnerável? Reforçar as defesas diante das principais ameaças do mercado?

# 20. Análise dos Fatores Críticos de Sucesso (FCS)

DETERMINAR QUE ELEMENTOS DO MODELO DE GESTÃO DO NEGÓCIO são críticos para o sucesso e o quanto a empresa tem domínio sobre eles representa uma fronteira que separa as empresas vencedoras daquelas que sucumbem à concorrência. É fundamental que a empresa seja forte naqueles fatores essenciais para o aproveitamento de oportunidades e a neutralização de ameaças, pois aí residem as vantagens competitivas do negócio.

## O que se pretende atingir:

- Identificar os fatores críticos determinantes para o sucesso da empresa nos segmentos de mercado em que atua.
- Avaliar o domínio desses fatores críticos pela empresa e pelos principais concorrentes.
- Analisar as melhores práticas adotadas pelos concorrentes em relação aos fatores críticos.

## Conteúdo a ser desenvolvido:

Para cada segmento de atuação da empresa, consolidados seus pontos fortes e fracos e as ameaças e oportunidades de mercado, e levando em conta os diferenciais competitivos da empresa e as práticas em que os principais concorrentes se destacam, devem ser identificados os elementos do modelo de gestão da empresa que representam fatores críticos para o sucesso do negócio, como os a seguir, entre muitos outros.

### Alavancas (pontos fortes x oportunidades)

- Força da marca facilita a entrada em novos mercados emergentes.
- Eficiência logística permite a distribuição em mercados grandes e dispersos.
- Custos baixos viabilizam a penetração em mercados aquecidos e sensíveis a preço.

### Defesas (pontos fortes x ameaças)

- Serviço diferenciado dificulta a entrada de novos concorrentes.
- Alto investimento em P&D potencializa mudanças nos padrões tecnológicos.

Forte geração de caixa protege contra oscilações na demanda. *Pontos fortes que são determinantes para o aproveitamento de oportunidades ou para a neutralização de ameaças representam fatores críticos para o sucesso do negócio.*

### Restrições (pontos fracos x oportunidades)

- Baixa qualidade dos produtos dificulta a penetração em mercados mais exigentes.
- Baixa qualidade da mão de obra impede a inovação em nichos de mercado.
- Infraestrutura insuficiente restringe a oferta de serviços de maior valor agregado.

### Problemas (pontos fracos x ameaças)

- Pouca experiência fragiliza a atuação em mercados altamente competitivos.
- Baixa capacidade de investimento dificulta a concorrência com grandes players.

Portfólio de produtos obsoletos sofre as consequências da mudança acelerada na tecnologia. *Pontos fracos que são determinantes para restringir o aproveitamento de oportunidades ou para aumentar a vulnerabilidade a ameaças são fatores críticos para o sucesso do negócio.*

## Questões a serem respondidas:

- A que exigências de mercado a empresa consegue responder satisfatoriamente?
- Para que desafios externos a empresa domina os recursos necessários para enfrentá-los?
- Que investimentos a empresa deve priorizar para reforçar seus pontos fortes?
- Onde a empresa deve alocar seus recursos para se proteger de ameaças externas?
- Como a empresa deve resolver os problemas mais críticos de seu modelo de gestão?

## Instruções de preenchimento:

- Identificar os pontos fortes e fracos da empresa.
- Identificar as oportunidades e ameaças de mercado.
- Identificar os diferenciais competitivos dos principais concorrentes.
- Relacionar as alavancas, defesas, restrições e problemas da empresa e dos concorrentes.
- Registrar os fatores críticos determinantes para o sucesso do negócio.
- Registrar as melhores práticas de gestão identificadas em diferentes mercados.

O domínio dos fatores críticos para o sucesso do negócio é uma premissa estratégica para qualquer empresa que pretenda se mostrar competitiva nos mercados em que atua ou naqueles que deseja explorar.

| ANÁLISE SWOT | | MODELO DE NEGÓCIO | |
|---|---|---|---|
| Alavancas | Restrições | Segmentos de clientes | |
| Defesas | Problemas | Proposta de valor | |
| | | Canais | |
| **MELHORES PRÁTICAS DE MERCADO** | **FATORES CRÍTICOS DE SUCESSO** | Relacionamento com clientes | |
| | | Fontes de receitas | |
| | | Parceiros-chave | |
| | | Atividades e processos-chave | |
| | | Recursos-chave | |
| | | Estrutura de custos | |

*Figura 22 — Canvas do Planejamento Estratégico de Marketing — Fatores Críticos de Sucesso e Benchmarking*

## Como aplicar:

### 🌐 Caso prático

A **análise dos fatores críticos de sucesso** faz com que a empresa identifique quais elementos de seu modelo de negócio são determinantes para viabilizar suas intenções no mercado e ao mesmo tempo orienta o processo de definição de seus objetivos de negócios e de priorização dos investimentos necessários.

Os fatores que parecem ser essenciais para a empresa ser bem-sucedida são:

- Reforço da imagem da marca
- Infraestrutura e instalações das lojas
- Qualidade do portfólio de produtos
- Comunicação com o mercado
- Domínio tecnológico
- Geração de caixa
- Eficiência logística

# 21. Revisão Crítica do Modelo de Negócios

DIANTE DE CENÁRIOS COMPETITIVOS em que a mudança tem se mostrado a regra, tornando a concorrência às vezes imprevisível e colocando à prova a capacidade de adaptação e reação das empresas, é preciso questionar de modo contínuo se o modelo de negócio adotado continua sendo apto a entregar valor ao mercado, pois na medida em que os produtos e serviços oferecidos aos clientes não representem mais soluções satisfatórias para suas necessidades e problemas, os negócios começam a colocar sua sobrevivência em risco.

## O que se pretende atingir:

- Analisar criticamente todos os componentes do modelo de negócio da empresa.
- Avaliar se a proposta de valor oferecida pela empresa a seus segmentos de clientes é robusta e aceita pelo mercado.
- Avaliar se as fontes de geração de receitas são viáveis e sustentáveis.
- Avaliar se a empresa tem um modelo operacional eficiente com base em seus recursos próprios ou de parceiros.

## Conteúdo a ser desenvolvido:

Para cada componente do modelo de negócio adotado pela empresa nos diferentes segmentos de mercado em que atua, devem ser avaliadas a sua consistência e adequação à realidade do mercado, a fim de que sejam identificadas eventuais necessidades de atualização.

## Segmentos de clientes

- Grupos de pessoas ou organizações que a empresa atende com seus produtos e serviços buscando a satisfação de suas necessidades e expectativas.

## Proposta de valor

- Benefícios oferecidos pela empresa a seus segmentos de clientes e que de fato motivam a decisão de compra dos produtos e serviços vendidos por resolverem seus problemas e suas dores e entregarem valor satisfatório.

## Canais

- Canais de comunicação, comercialização e distribuição adotados pela empresa para fazer com que os segmentos de clientes atendidos conheçam, comprem e recebam os produtos e serviços.

## Relacionamento com clientes

- Tipo de relacionamento que a empresa estabelece com seus segmentos de clientes, a fim de estimular a compra, manter sua fidelidade e contribuir para a geração de novos negócios.

## Fontes de receita

- Recompensa financeira paga pelos clientes em troca dos benefícios, produtos e serviços entregues pela empresa.

## Recursos-chave

- Ativos tangíveis e intangíveis essenciais para garantir o funcionamento do modelo de negócio.

## Atividades e processos-chave

- Processos e atividades essenciais para garantir o funcionamento do modelo de negócio.

## Parcerias-chave

- Rede de fornecedores e parceiros essenciais que contribuem para o funcionamento do modelo de negócio, provendo os recursos, processos e atividades que a empresa não realiza por conta própria.

## Estrutura de custos

- Principais custos nos quais a empresa incorre necessariamente para manter a operação e o funcionamento do modelo de negócio.

## Questões a serem respondidas:

### Segmentos de clientes
- Para quem a empresa cria valor? Os segmentos de mercado atendidos apresentam características bem definidas? Esses segmentos apresentam tamanho suficiente para serem atrativos?

### Proposta de valor
- Que valor a empresa entrega aos clientes? Que problemas dos clientes são resolvidos e que dores são aliviadas? Que necessidades dos clientes são satisfeitas? Os produtos e serviços oferecidos atendem às expectativas?

### Canais
- Por quais canais a empresa se comunica com os segmentos de clientes? Que canais de venda são utilizados? Como os clientes são atendidos? Como a empresa viabiliza a entrega aos clientes de seus produtos e serviços?

### Relacionamento com clientes
- Que tipo de relacionamento a empresa estabelece com seus clientes? Como o relacionamento com os clientes é desenvolvido e mantido? Esse relacionamento é único ou contínuo? É responsabilidade da empresa ou é terceirizado? É baseado em contato pessoal ou a distância por meio de ferramentas de comunicação digital?

### Fontes de receita
- Como a empresa é remunerada pelos produtos que vende e pelos serviços que presta aos clientes? O quanto os clientes estão dispostos a pagar? De que maneira eles podem pagar à empresa? Há mais de uma fonte de receita? Como cada uma contribui para a receita total da empresa?

### Recursos-chave
- Quais são os recursos-chave necessários para a operação da empresa? A empresa tem esses recursos-chave essenciais para viabilizar sua proposta de valor? Ou contrata tais recursos de terceiros?

### Atividades e processos-chave
- Quais são as atividades e processos-chave necessários para a operação da empresa? A empresa realiza essas atividades e processos-chave essenciais para viabilizar sua proposta de valor? Ou contrata tais processos de terceiros?

**Parcerias-chave**
- Quem são os fornecedores e parceiros que proveem à empresa os recursos, atividades e processos-chave para o negócio que a empresa não tem ou não realiza por conta própria?

**Estrutura de custos**
- Quais são os principais custos inerentes à operação do negócio? O quanto esses custos se originam de recursos, atividades e processos realizados pela empresa ou contratados de seus parceiros-chave e fornecedores diversos?

## Instruções de preenchimento:

- Identificar os segmentos de clientes atendidos.
- Definir a proposta de valor direcionada a cada um desses segmentos de clientes.
- Definir os canais de comunicação, venda e entrega dos produtos e serviços aos clientes.
- Registrar o tipo de relacionamento que a empresa se propõe a manter com os clientes.
- Identificar as fontes de receita que sustentam a operação do negócio.
- Identificar os recursos-chave essenciais para a operação do negócio.
- Identificar as atividades e processos-chave essenciais para a operação do negócio.
- Identificar as parcerias-chave das quais a empresa depende para a operação do negócio.
- Estabelecer os principais custos relacionados ao funcionamento da empresa.

| ANÁLISE SWOT | |
|---|---|
| Alavancas | Restrições |
| | |
| Defesas | Problemas |
| | |

| MELHORES PRÁTICAS DE MERCADO | FATORES CRÍTICOS DE SUCESSO |
|---|---|
| | |

| MODELO DE NEGÓCIO | |
|---|---|
| Segmentos de clientes | |
| Proposta de valor | |
| Canais | |
| Relacionamento com clientes | |
| Fontes de receitas | |
| Parceiros-chave | |
| Atividades e processos-chave | |
| Recursos-chave | |
| Estrutura de custos | |

*Figura 23* — Canvas do Planejamento Estratégico de Marketing — Revisão Crítica do Modelo de Negócio

## Como aplicar:

### 🌐 Caso prático

O atual **modelo de negócio** da empresa, desenhado de acordo com a metodologia *Business Model Canvas*, pode ser descrito de acordo com as seguintes dimensões:

#### Segmentos de clientes

- O segmento prioritário de clientes atendidos é o de mulheres de 25 a 60 anos, de famílias de renda média, que trabalham fora de casa e valorizam o bem-estar e os cuidados com a família.

#### Proposta de valor

- Produtos de boa qualidade para a casa e para a família, com preços competitivos, para a mulher valorizar seu tempo e seu dinheiro.

#### Canais

- Lojas amplas, bem estruturadas e com instalações confortáveis, onde as clientes têm acesso direto aos produtos expostos.

#### Relacionamento com clientes

- A empresa se relaciona com seus clientes por meio de serviço de atendimento telefônico e via web, apenas reativo e quando solicitada pontualmente, e também nas lojas nas diferentes interações mantidas com os clientes por seus funcionários.

#### Fontes de receita

- As receitas são geradas unicamente pela venda do portfólio de produtos em sua rede de lojas, sendo boa parte por meio do cartão de crédito próprio.

#### Recursos-chave

- As lojas da rede são o principal recurso necessário para a empresa sustentar a operação do negócio, somado ao capital humano responsável pela gestão do portfólio de produtos.

#### Atividades e processos-chave

- A empresa depende essencialmente de três processos críticos para seu funcionamento: gestão do portfólio de produtos, gestão da logística de suprimentos das lojas e gestão operacional das lojas.

#### Parcerias-chave

- Os fornecedores são a principal parceria do negócio, especialmente no segmento de vestuário, o mais representativo das receitas na rede de lojas.

#### Estrutura de custos

- Os custos mais representativos para o negócio são os de compra de mercadorias junto aos fornecedores e os relacionados à operação e manutenção da rede de lojas.

**REFERÊNCIA**
OSTERWALDER, ALEXANDER & PIGNEUR, YVES. *Business Model Generation — Inovação em Modelos de Negócios*. Rio de Janeiro, Alta Books. 2011.

## Exemplo

Um site de venda de móveis, artigos de decoração e materiais de construção desenvolveu um modelo de negócio baseado em uma operação sem estoques. Um conceito semelhante ao de outros *marketplaces* que ocupam espaços cada vez maiores em diferentes segmentos de comércio eletrônico, onde plataformas de e-commerce vendem produtos dos mais variados fornecedores, os quais gerenciam seus próprios estoques e se responsabilizam pela entrega aos clientes. Assim, a empresa tem nos fornecedores uma parceria-chave para o negócio, no site o seu principal recurso, na gestão comercial e dos serviços aos clientes os seus principais processos que sustentam a operação do negócio, e na oferta aos clientes de ampla variedade produtos, conveniência e bons preços a sua proposta de valor central.

# PARTE 5
*PLANEJAMENTO ESTRATÉGICO DE MARKETING*

**A ETAPA DE PLANEJAMENTO ESTRATÉGICO** marca uma transição importante. Todo o esforço de análise estratégica do mercado, do entendimento do ambiente externo de negócios e da compreensão da realidade da empresa, de suas possibilidades e limitações, é consolidado na Análise SWOT.

A Análise SWOT fornece os subsídios para a identificação dos fatores críticos para o sucesso do negócio, assim como permite uma revisão crítica do modelo de negócio da empresa, de tal forma que esta pode avaliar se sua proposta de valor oferecida aos clientes e se seu modelo de operação ainda são adequados diante das pressões externas do mercado.

Assim, encerrada essa etapa de Análise Estratégica, a empresa precisa definir os objetivos de negócio que serão perseguidos e formular as estratégias de mercado que serão adotadas para pavimentar o caminho em direção aos alvos estabelecidos, tendo como pano de fundo o posicionamento de mercado que pretende adotar para seus produtos e serviços, criando assim uma identidade bem definida para suas marcas.

A empresa precisa evitar que suas marcas tenham um posicionamento confuso, levando os clientes a não perceberem claramente sua proposta de valor, assim como estes não podem ter dúvidas em relação ao que a empresa de fato está oferecendo. Por outro lado, o posicionamento definido não deve restringir demasiadamente os segmentos de mercado a serem explorados, excluindo parcelas do mercado que podem apresentar potencial de consumo relevante dos produtos e serviços da empresa.

Em mercados cada vez mais competitivos e voláteis, ser reconhecido pelos consumidores de modo claro e distinto e dar aos colaboradores internos um direcionamento estratégico mais efetivo exige das empresas um posicionamento claro que projete ao mercado suas vantagens competitivas, e isso pode assumir diferentes formas em relação ao que a empresa pretende enfatizar.

A etapa de Análise Estratégica fornece todas as informações necessárias para que a empresa consiga priorizar seus objetivos, buscando corrigir seus pontos fracos que restringem o aproveitamento de oportunidades ou que aumentam sua vulnerabilidade diante das ameaças externas, e também procurando consolidar seus pontos fortes que representam as vantagens competitivas que alavancam as oportunidades de negócio ou que protegem a empresa de fatores externos não controláveis.

Sendo assim, o passo seguinte nessa etapa de Planejamento Estratégico que se inicia envolve a definição dos objetivos que a empresa espera alcançar diante dos desafios de mercado que foram identificados. Os objetivos precisam ser definidos segundo alguns critérios que permitam sua rastreabilidade e monitoramento, representando parâmetros úteis para a avaliação de desempenho da gestão.

A cada um dos objetivos definidos precisam ser associados metas e indicadores de medida e avaliação, permitindo o monitoramento ao longo do tempo do quanto o desempenho medido se aproxima do desempenho desejado pela empresa. Esta é uma premissa fundamental para que o planejamento e a gestão estratégica funcionem de modo complementar, representando os dois lados de uma mesma moeda. Não há como gerenciar se não houver controle. E só é possível controlar de modo efetivo com base em indicadores de performance e metas.

Para esse propósito propõe-se o desenvolvimento de um Mapa Estratégico de objetivos, metas e indicadores com base na metodologia do Balanced Scorecard (BSC). Trata-se da construção de um painel de controle multidimensional para a gestão estratégica do negócio, baseado em uma visão sistêmica da empresa não restrita apenas a indicadores de natureza financeira, mas que são também traduzidos na perspectiva do cliente, dos processos internos da empresa e de sua capacidade de aprender e de se desenvolver.

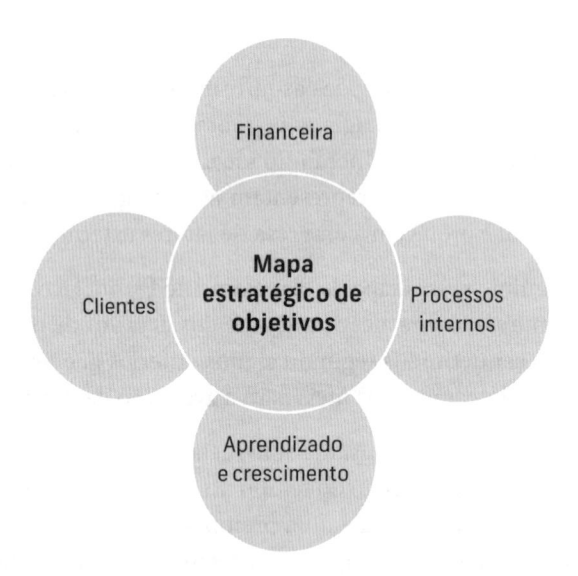

*Figura 24 — Perspectivas do Balanced Scorecard*

**17.** Projetos — quaisquer iniciativas com início e fim definidos conduzidas por pessoas para atingir objetivos únicos estabelecidos, dentro de prazos, custos e padrões de qualidade combinados.

Definidos os objetivos estratégicos de negócio, as diferentes estratégias de mercado formuladas devem representar os caminhos escolhidos pela empresa para orientar a alocação dos recursos necessários para que os objetivos sejam atingidos e para dar aos colaboradores o direcionamento de sua atuação, garantindo que sua performance esteja permanentemente alinhada às diretrizes gerais da empresa.

Para dar tangibilidade à implementação das estratégias formuladas, a empresa desenvolve diferentes projetos[17] e planos de ação, os quais consomem os recursos organizacionais de acordo com as prioridades estabelecidas. É exatamente esse o pano de fundo do planejamento estratégico — gerar valor para o negócio por meio das iniciativas empreendidas pela empresa que otimizam os recursos organizacionais, que em geral são limitados e precisam ser alocados onde mais contribuem para o alcance dos objetivos da empresa.

Nesse sentido, é importante o emprego de uma metodologia adequada para a gestão do portfólio de projetos organizacionais, pois, a princípio, somente aqueles mais alinhados estrategicamente aos objetivos do negócio devem ser levados adiante. O processo de seleção e gestão do portfólio de projetos deve levar em conta que seu valor deve ser maximizado, e os projetos que o constituem devem ser balanceados de acordo com critérios de curto e longo prazo, de alto e baixo nível de investimento, de alto e baixo grau de risco e retorno e em função da mobilização de recursos organizacionais exigida.

Decisões erradas acerca do portfólio de projetos podem fazer com que a empresa acabe por gerenciar um número excessivo de projetos, levando à dispersão de recursos, aposte em projetos errados que não contribuem de fato para o alcance dos objetivos estratégicos e deixe os projetos mais promissores sem o necessário apoio para sua realização.

Por sua vez, os objetivos organizacionais são também perseguidos por meio de planos de ação implementados nas várias áreas da empresa, demonstrando seu papel essencial como um desdobramento do planejamento e gestão estratégica do negócio.

Esses planos de ação são classificados em duas grandes categorias:

**Ações estruturantes** — procuram prover a empresa de recursos, infraestrutura e processos produtivos e administrativos necessários para melhorar a gestão do negócio e torná-lo mais competitivo à medida que os pontos fracos do modelo de operação são resolvidos e os pontos portes aperfeiçoados.

**Ações de mercado** — buscam fazer com que a empresa se torne mais competitiva por meio do melhor uso dos elementos do composto mercadológico do negócio, implementando decisões mais acertadas acerca dos produtos e serviços, de sua precificação e da forma como são comunicados, vendidos e distribuídos aos clientes.

Assim, todos os planos de ação propostos precisam igualmente ser analisados, selecionados e priorizados de acordo com critérios semelhantes àqueles utilizados para a gestão do portfólio de projetos, pois somente devem ser implementadas aquelas ações alinhadas às estratégias do negócio e que contribuem para que a empresa efetivamente alcance seus objetivos de mercado.

## 22. Posicionamento de Mercado

A EMPRESA PRECISA DEFINIR COMO QUER SER percebida pelos clientes que atende e pelo mercado em geral. Ser reconhecida de modo distinto de seus principais concorrentes confere à empresa uma identidade bem definida para suas marcas, que contribui para dar ao negócio uma vantagem competitiva relevante, pois se a proposta de valor oferecida ao mercado e materializada por meio de seus produtos e serviços é clara e faz sentido para os segmentos de clientes atendidos, significa que o posicionamento adotado ajuda a explorar o potencial de consumo existente.

### O que se pretende atingir:

- Definir estratégias de posicionamento para os produtos e serviços da empresa.
- Estabelecer como a empresa pretende ser percebida pelos clientes.
- Criar uma identidade bem definida para cada uma das marcas da empresa.

### Conteúdo a ser desenvolvido:

Para cada segmento de atuação da empresa, deve ser definido o tipo de posicionamento que se pretende adotar para seus produtos e serviços, de tal modo que suas marcas sejam claramente percebidas pelos clientes e públicos-alvo de interesse de acordo com os elementos que a empresa julgar mais relevantes a destacar.

#### Por atributo
- Atributos distintivos dos produtos vendidos (o maior carro da categoria).

#### Por benefício
- Benefícios e valores intrínsecos dos produtos (o carro mais seguro da categoria).

**Por uso**
- Uso para um determinado fim (o melhor tênis para corrida).

**Por usuário**
- Grupo-alvo de usuários (o melhor computador para designers gráficos).

**Por concorrente**
- Comparação com os concorrentes (o único suco sem conservantes).

**Por categoria**
- Liderança da categoria (o sabão em pó preferido dos consumidores).

**Por qualidade**
- Maior qualidade do produto (o relógio de qualidade superior).

**Por preço**
- Preço mais baixo (o supermercado com os melhores preços).

## Questões a serem respondidas:

- A melhor forma de a empresa destacar seus produtos e serviços no mercado é por meio de atributos distintivos em relação aos concorrentes ou em função dos benefícios intrínsecos oferecidos?
- A finalidade de uso e/ou a segmentação com base em um perfil típico de usuários são critérios válidos para posicionar os produtos e serviços da empresa?
- A comparação com a concorrência baseada em atributos, liderança de categorias, qualidade, preço etc. representa um caminho apropriado para o posicionamento dos produtos e serviços da empresa?

## Instruções de preenchimento:

- Caracterizar o perfil dos clientes nos diferentes segmentos de mercado de atuação.
- Identificar a percepção dos clientes sobre a imagem da empresa.
- Identificar a percepção dos clientes sobre a concorrência.
- Identificar a percepção dos clientes sobre os diferenciais competitivos da empresa.
- Definir o tipo de posicionamento apropriado para os produtos e serviços da empresa.

| POSICIONAMENTO DE MERCADO ||||||
|---|---|---|---|---|---|
| Segmentos de mercado | Perfil dos clientes | Percepção de imagem da empresa | Percepção sobre a concorrência | Diferenciais percebidos pelos clientes | Posicionamento adotado |
| A | | | | | |
| B | | | | | |
| C | | | | | |

| BALANCED SCORECARD (BSC) — MAPA ESTRATÉGICO ||||||
|---|---|---|---|---|---|
| | Objetivos | Desempenho atual | Metas | Indicadores | Relacionamentos entre os objetivos |
| **1. Financeiros** | | | | | |
| 1.1 | | | | | |
| 1.2 | | | | | |
| 1.3 | | | | | |
| **2. Clientes** | | | | | |
| 2.1 | | | | | |
| 2.2 | | | | | |
| 2.3 | | | | | |
| **3. Processos internos** | | | | | |
| 3.1 | | | | | |
| 3.2 | | | | | |
| 3.3 | | | | | |
| **4. Aprendizado e crescimento** | | | | | |
| 4.1 | | | | | |
| 4.2 | | | | | |
| 4.3 | | | | | |

*Figura 25 — Canvas do Planejamento Estratégico de Marketing — Posicionamento de Mercado*

## Como aplicar:

### 🌐 Caso prático

Na tentativa de encontrar um espaço de mercado que a mantenha menos vulnerável às ameaças dos grandes concorrentes e também de competidores menores e mais ágeis, a empresa procura se **posicionar no segmento de mercado de lojas de departamentos** como aquela capaz de oferecer a seus clientes a **melhor relação custo-benefício** na compra de **produtos de boa qualidade** a **preços competitivos**, tentando com isso construir na mente das consumidoras a imagem de uma empresa moderna, jovem, antenada com as tendências da moda e ao mesmo tempo provedora para a **mulher, que trabalha e também cuida da casa e da família**, de tudo que precisa em um só lugar.

### Exercício

Uma definição correta sobre posicionamento é:

a) Identificar e segmentar clientes potenciais.
b) Posicionar o produto no melhor lugar de exposição para o consumidor.
c) Posicionar o produto e a imagem da empresa na mente do consumidor.
d) Identificar perfis de consumo no tocante a hábitos de compra.

*Resposta certa: (c)*

## 23. Elaboração do Balanced Scorecard (BSC)

O BSC É UM MODELO DE GESTÃO QUE AUXILIA a empresa a traduzir suas diretrizes estratégicas em objetivos, indicadores e metas que se desdobram por toda a estrutura organizacional. O BSC permite a construção de um Mapa Estratégico de objetivos, indicadores e metas que direciona a performance dos colaboradores e os mantém alinhados à estratégia do negócio, pois consegue captar as atividades críticas de geração de valor para a empresa.

Esse painel de controle multidimensional baseia-se em uma visão sistêmica da empresa não restrita apenas a indicadores de natureza financeira, reconhecendo que a complexidade da gestão estratégica de uma empresa exige que outras perspectivas de controle do desempenho organizacional sejam adotadas, tais como as perspectivas do cliente, dos processos internos da empresa e de sua capacidade de aprender e de se desenvolver.

### O que se pretende atingir:

- Definir as diretrizes estratégicas gerais de atuação da empresa.
- Construir o Mapa Estratégico de objetivos, indicadores e metas da empresa.
- Estabelecer relações de causa e efeito entre os objetivos definidos no Mapa Estratégico.

### Conteúdo a ser desenvolvido:

Para cada segmento de atuação da empresa, devem ser definidas a sua visão para o negócio, a missão que define seu propósito, suas diretrizes estratégicas gerais e o conjunto de objetivos, indicadores e metas interligados por relações de causa e efeito, representando, assim, a base para a posterior formulação estratégica.

**18.** A empresa pode, por exemplo, direcionar sua atuação movida pela busca da inovação tecnológica contínua, da máxima satisfação dos seus clientes ou da obtenção de excelência operacional em seus processos.

**Visão**
- Representa o olhar para o futuro que a empresa vislumbra para o negócio.

**Missão**
- Significa o propósito que justifica a razão de existir da empresa.

**Diretrizes estratégicas**
- Representam os grandes temas [18] que devem nortear a atuação da empresa.

## Objetivos

Os objetivos são alvos que devem ser definidos em termos concretos, refletindo os resultados que a empresa espera alcançar ao longo de um dado período de tempo, a fim de direcionar as estratégias de negócios a serem implementadas.

A perspectiva integradora do Balanced Scorecard exige que os objetivos sejam definidos para além da dimensão financeira unicamente, contemplando também as dimensões "clientes, processos internos e aprendizado e crescimento", que permitem obter uma visão sistêmica do desempenho do negócio.

Os objetivos precisam ser definidos de acordo com critérios SMART:

**Específicos** — delimitados com clareza, definindo-se alvos concretos e não genéricos que se pretendem alcançar.

**Mensuráveis** — permitindo derivar metas quantitativas, cujo alcance demonstra a eficácia da gestão.

**Alcançáveis** — representando alvos realistas, que de fato podem motivar e engajar as pessoas na busca por sua realização.

**Relevantes** — traduzindo desafios que exigem o melhor das pessoas e a materialização de seu potencial de contribuição.

**Limitados no tempo** — tendo um horizonte de tempo limitado para seu alcance e, assim, um limite para a mobilização dos recursos utilizados.

## Indicadores

Indicadores representam uma forma de medição do alcance dos objetivos. Um mesmo objetivo pode ser medido por meio de diferentes indicadores, sendo estes escolhidos em função do que a empresa considera relevante controlar para efeito de melhoria contínua da gestão. Bons indicadores devem apresentar as seguintes características:

- Quantificáveis, simples e de fácil entendimento.
- Baratos e rápidos para serem medidos.
- Úteis para os tomadores de decisão.
- Sensíveis para capturar mudanças de desempenho.

## Metas

Metas são a tradução em termos tangíveis e concretos dos objetivos. Representam um componente essencial do processo de planejamento e gestão estratégica, pois permitem à empresa monitorar continuamente seu desempenho, avaliando a distância em que se encontra dos objetivos estabelecidos.

Uma gestão orientada por metas claramente estabelecidas impõe à empresa a disciplina necessária para avaliar passo a passo se a sua trajetória em direção aos objetivos estratégicos parece ser bem-sucedida ou não.

## Questões a serem respondidas:

### Visão
- Que futuro a empresa vislumbra para o negócio? Diante dos futuros desafios de mercado, como a empresa espera estar preparada para enfrentá-los? Como a empresa pode ser um player responsável por moldar o futuro de diferentes mercados, daqueles em que já atua ou de outros em que ainda possa estar?

### Missão
- Como a empresa entende seu propósito e sua razão de existir? Que interesses dos diferentes stakeholders do negócio a empresa procura priorizar? Que valores essenciais moldam o modelo de negócios da empresa?

### Diretrizes estratégicas
- Que diretrizes estratégicas devem nortear a atuação da empresa diante dos desafios de mercado observados? Que caminhos a empresa pretende adotar para reforçar seu posicionamento competitivo, a identidade do negócio e sua própria sustentabilidade?

### Objetivos, indicadores e metas
- Sob a **perspectiva financeira**, são aderentes ao modelo de negócio da empresa objetivos relacionados ao faturamento total, faturamento por projeto, faturamento por tipo de cliente, faturamento por produto, lucratividade, ROI (Retorno sobre o Investimento), eficácia na gestão de custos e despesas, volume de vendas, entre outros?
- Sob a **perspectiva dos clientes**, são aderentes ao modelo de negócio da empresa objetivos relacionados ao ticket médio de compra, nível de satisfação, obtenção de clientes novos, repetição de compra por clientes antigos, participação de mercado, retenção de clientes, participação de mercado, entre outros?
- Sob a **perspectiva dos processos internos**, são aderentes ao modelo de negócio da empresa objetivos relacionados ao desempenho dos colaboradores, utilização dos recursos, eficiência da força de vendas, qualidade dos serviços, produtividade de máquinas e equipamentos, uso da capacidade produtiva, conformidade de produtos, entre outros?
- Sob a **perspectiva do aprendizado e do crescimento**, são aderentes ao modelo de negócio da empresa objetivos relacionados ao lançamento de novos produtos/serviços no mercado, inovação em projetos desenvolvidos, qualificação dos colaboradores, novas patentes obtidas, sustentabilidade ambiental, entre outros?

## Instruções de preenchimento:

- Considerar a visão do futuro, a missão e as diretrizes estratégicas gerais do negócio.
- Definir os objetivos, indicadores e metas do negócio.
- Identificar as relações de causa e efeito existentes entre os objetivos.

## POSICIONAMENTO DE MERCADO

| Segmentos de mercado | Perfil dos clientes | Percepção de imagem da empresa | Percepção sobre a concorrência | Diferenciais percebidos pelos clientes | Posicionamento adotado |
|---|---|---|---|---|---|
| A | | | | | |
| B | | | | | |
| C | | | | | |

## BALANCED SCORECARD (BSC) — MAPA ESTRATÉGICO

| | Objetivos | Desempenho atual | Metas | Indicadores | Relacionamentos entre os objetivos |
|---|---|---|---|---|---|
| **1. Financeiros** | | | | | |
| 1.1 | | | | | |
| 1.2 | | | | | |
| 1.3 | | | | | |
| **2. Clientes** | | | | | |
| 2.1 | | | | | |
| 2.2 | | | | | |
| 2.3 | | | | | |
| **3. Processos internos** | | | | | |
| 3.1 | | | | | |
| 3.2 | | | | | |
| 3.3 | | | | | |
| **4. Aprendizado e crescimento** | | | | | |
| 4.1 | | | | | |
| 4.2 | | | | | |
| 4.3 | | | | | |

*Figura 26 — Canvas do Planejamento Estratégico de Marketing — Definição de Objetivos, Metas e Indicadores*

# Como aplicar:

## 🌐 Caso prático

O **Mapa Estratégico** dos principais objetivos de negócio da empresa é construído a partir da definição de sua visão futura do mercado, da missão e do propósito organizacional e de suas diretrizes estratégicas gerais:

### Visão
- Ser a rede de lojas *fast fashion* referência nas novas tendências da moda e líder em inovação e excelência nos serviços prestados aos clientes nos mercados em que atua.

### Missão
- Ser uma das mais completas redes de lojas de departamentos do Brasil, antenada com as tendências da moda e capaz de oferecer tudo o que os clientes precisam em um só lugar.

### Diretrizes estratégicas
- Excelência no atendimento aos clientes nas lojas.
- Gestão do portfólio de produtos com foco na otimização do giro dos estoques.
- Máxima eficiência logística no suprimento das lojas.
- Valorização da experiência dos clientes nas lojas.

### Objetivos, indicadores e metas

#### Sob a perspectiva financeira

- **Faturamento total** — obter faturamento de R$1 bilhão em 2018, *medido pelas receitas totais da rede de lojas*.
- **Faturamento por categoria de produto** — elevar para 60% em 2018 a participação da categoria vestuário no faturamento total da rede, *medido pelas receitas dessa categoria sobre a receita total da rede*.
- **Faturamento por loja** — aumentar em 15% o faturamento médio das lojas, *medido pelo crescimento das vendas em 2018 sobre 2017*.
- **Faturamento por região** — elevar para 5% em 2018 a participação das vendas das lojas do interior de São Paulo sobre o faturamento total, *medido pelas receitas dessa região sobre a receita total da rede*.
- **Lucratividade** — obter em 2018 lucro de 25% sobre as vendas, *medido pelo lucro obtido sobre a receita total da rede*.
- **Redução de custos e despesas** — reduzir os custos e despesas totais em 12% em 2018, *medido pela variação dos custos e despesas totais de 2018 sobre 2017*.

**Sob a perspectiva dos clientes**

- **Ticket médio de compra** — elevar o ticket médio dos clientes em 2018 em 8%, *medido pelo valor do ticket médio de 2018 sobre 2017.*
- **Nível de satisfação** — alcançar 85% de satisfação dos clientes em 2018, *medido pelo índice de satisfação obtido por meio de pesquisa realizada junto aos clientes.*
- **Participação de mercado** — obter participação de mercado de 7% no estado do Rio de Janeiro, *medido pelo volume de vendas da rede sobre as vendas totais do segmento no estado.*

**Sob a perspectiva dos processos internos**

- **Vendas por funcionário** — alcançar vendas de R$200 mil por funcionário em 2018, *medido pelas receitas totais sobre o número de funcionários da rede.*
- **Vendas por metro quadrado das lojas** — aumentar as vendas médias por metro quadrado em 18% em toda a rede em 2018, *medido pelo valor das vendas por metro quadrado em 2018 sobre 2017.*

- **Devoluções de mercadorias** — reduzir em 20% em 2018 o número de devoluções de mercadorias nas lojas pelos clientes por problemas de qualidade, *medido pelo número de devoluções em 2018 sobre 2017.*

**Sob a perspectiva do aprendizado e do crescimento**

- **Número de novas lojas abertas** — abrir 5 novas lojas em 2018, *medido pelo número efetivo de lojas abertas ao final do ano.*
- **Percentual de projetos concluídos com sucesso** — alcançar percentual de 95% na conclusão bem-sucedida de projetos internos, *medido pelo número de projetos concluídos com escopo, prazo, custo e qualidade de acordo com o planejado sobre o total de projetos realizados.*
- **Horas de treinamento dos colaboradores** — oferecer 10 horas de treinamento por funcionário em 2018, *medido pelo número de horas efetivas de treinamento realizadas no ano.*

### Exercício

Qual das proposições abaixo melhor representa um objetivo SMART?

a) Reduzir o índice de reclamações dos clientes.
b) Aumentar a participação de mercado em 15% em um ano.
c) Expandir os canais de distribuição.
d) Ter uma elevada reputação de marca no segmento de mercado.

*Resposta certa: (b)*

**Desafio para discussão em equipe**

Você e sua equipe conseguem estabelecer relações de causa e efeito entre os objetivos do Mapa Estratégico do exemplo anterior do caso prático? Conseguem perceber as conexões existentes entre os objetivos definidos sob as diferentes perspectivas? E em relação à sua empresa, você e sua equipe estão preparados para elaborar o Mapa Estratégico com os principais objetivos do negócio, desdobrados em metas e indicadores de medida claros e simples de implementar? Estão prontos para usar o BSC como instrumento de apoio ao planejamento e gestão estratégica da empresa?

# 24. Formulação Estratégica

PARA QUE OS OBJETIVOS DEFINIDOS NO BSC sejam alcançados, a empresa precisa mobilizar os recursos organizacionais aplicáveis a cada situação. E o modo como esses recursos são alocados depende das iniciativas estratégicas adotadas para se perseguir cada objetivo.

As estratégias são os caminhos adotados para se alcançar os alvos desejados. Há mais de um caminho possível para se alcançar os objetivos desejados, mas alguns se mostram mais efetivos, de menor risco, de menor emprego de recursos e com maior probabilidade de dar certo em menos tempo. Assim, é necessário que a empresa formule as estratégias de negócio mais adequadas ao contexto de mercado e também à sua realidade interna, de modo a obter o máximo retorno possível dos investimentos realizados.

## O que se pretende atingir:

- Formular estratégias específicas de mercado coerentes com as diretrizes gerais estabelecidas para o negócio e alinhadas ao esforço necessário para alcançar os objetivos já definidos.

## Conteúdo a ser desenvolvido:

Para cada segmento de atuação da empresa, devem ser definidas as estratégias de mercado necessárias para orientar a utilização dos recursos organizacionais que contribuem para o alcance dos objetivos, de acordo com as condições existentes no ambiente externo de negócios, representando, assim, a escolha de caminhos, ora alternativos, ora complementares, para se chegar a um mesmo resultado desejado, sendo classificadas de acordo com a seguinte tipologia:

## Estratégias de Crescimento Intenso

### Penetração de mercado
- A empresa procura ganhar mais participação de mercado com os atuais produtos, tentando estimular os atuais consumidores a usá-los mais intensivamente, atrair consumidores de marcas concorrentes, captar novos consumidores ainda não usuários da marca, desenvolver novos usos para o produto ou promover o lançamento de variações do produto original (extensão de linha).

### Desenvolvimento de mercado
- A empresa procura descobrir novos mercados para os atuais produtos, por meio da identificação de novos públicos-alvo, do desenvolvimento de novos canais de distribuição ou pela venda em regiões geográficas ainda não exploradas.

### Desenvolvimento de produto
- A empresa procura desenvolver novos produtos e serviços, agregando novas características e benefícios para os consumidores, eventualmente se aproveitando do valor de marcas já existentes e bem-sucedidas (extensão de marca).

### Diferenciação de produto
- A empresa procura criar um produto que seja considerado único em relação às ofertas da concorrência, introduzindo diferenciais que representem uma vantagem ou benefício claros para os consumidores.

### Criação de mercado
- A empresa procura explorar oceanos azuis[19], onde não há concorrência ou onde esta pode se tornar irrelevante, ocupando primeiro os espaços em mercados novos ainda inexistentes, mas que podem ser criados por meio de soluções inovadoras e disruptivas que provocam o surgimento de uma nova demanda com elevado potencial de crescimento.

---

**19.** Conceito formulado no livro *A estratégia do Oceano Azul*, de Mauborgne, R. & Kim Chan, W. para indicar novos mercados onde não há uma concorrência sangrenta típica de mercados já consolidados.

## Estratégias de Crescimento Integrado

### Integração para trás
- A empresa adquire o controle sobre as atividades de um ou mais fornecedores, incorporando-os a seu negócio, gerando sinergias importantes que podem reduzir custos, aumentar a eficiência do negócio e garantir o controle sobre a cadeia de fornecimento de recursos estratégicos.

### Integração para a frente
- A empresa adquire o controle sobre as atividades de um ou mais distribuidores de seus produtos, incorporando-os a seu negócio, gerando sinergias importantes que podem aumentar a aproximação com os clientes finais, garantir maior controle sobre o processo de expansão do negócio e, ainda, obter maior capacidade de resposta às oscilações da demanda.

### Integração horizontal
- A empresa adquire o controle sobre as atividades de um ou mais concorrentes, incorporando-os a seu negócio e com isso obtendo maior controle sobre o mercado.

## Estratégias de Crescimento Diversificado

### Diversificação concêntrica
- A empresa procura identificar novos produtos que tenham sinergia tecnológica, produtiva ou mercadológica com os atuais, ampliando seu portfólio de forma integrada e sem comprometer a eficiência do negócio.

### Diversificação horizontal
- A empresa procura identificar novos produtos para os atuais consumidores, mesmo que não haja qualquer tipo de sinergia, entrando em segmentos de mercado até então desconhecidos, mas que possam agregar valor ao cliente na forma de uma solução mais robusta.

### Diversificação global
- A empresa procura identificar novos negócios, mesmo que não tenham qualquer relação com os atuais mercados, consumidores ou produtos, entrando em segmentos que ofereçam boas oportunidades de crescimento e retorno.

## Estratégias de Defesa de Mercado para Líderes

### Inovação contínua

- A empresa toma a iniciativa de liderar o mercado no que diz respeito a ideias de novos produtos, serviços ao cliente, canais de distribuição, políticas de preço etc., explorando as fraquezas dos concorrentes e reduzindo a possibilidade de ataques a seus negócios que oferecem melhores retornos.

### Defesa de posição

- A empresa procura fortalecer sua atuação no atual mercado através da proteção a seus produtos e ao modo de fazer negócios por ela adotado ao longo do tempo, tentando evitar que mudanças introduzidas pela concorrência possam prosperar.

### Defesa de flanco

- A empresa procura defender-se criando "postos avançados" através dos quais as ameaças são transformadas em oportunidades, protegendo seus negócios atuais e ao mesmo tempo criando a base necessária para explorar as novas possibilidades abertas pelas mudanças em seus segmentos de mercado.

### Defesa antecipada

- A empresa lança uma ofensiva contra a concorrência antes que esta venha a definir algum ataque, ou então apenas emite sinais antecipados de sua reação contra eventuais ações dos concorrentes atuais ou potenciais.

### Defesa contraofensiva

- A empresa atacada pela concorrência pode recorrer a um contra-ataque frontal utilizando os mesmos elementos competitivos usados pela atacante, ou então localizar um segmento de negócio vital para o concorrente deixado desprotegido e contra-atacando em seu próprio território.

### Defesa de contração

- A empresa desiste de alguns segmentos menos atraentes de seu mercado a fim de concentrar esforços e recursos na consolidação de sua posição competitiva em segmentos-chave de mercado.

### Liderança no custo total

- A empresa persegue vigorosamente reduções de custos e de despesas através de uma produção mais eficiente, acúmulo de experiência, controle de gastos operacionais etc., a fim de desenvolver uma vantagem competitiva sobre a concorrência, traduzida por margens de lucro maiores ou por preços mais agressivos.

## Estratégias para Desafiantes de Mercado

### Enfoque em custos
- A empresa procura desenvolver soluções de baixo custo que aumentam a competitividade do negócio, explorando ineficiências dos concorrentes ou mudando a forma típica de fazer negócios em determinados segmentos de mercado.

### Enfoque em diferenciação
- A empresa identifica um segmento específico do mercado e procura atender esse público-alvo mais restrito de modo mais efetivo do que qualquer outro concorrente, satisfazendo plenamente as necessidades desses consumidores.

### Ataque de flanco
- A empresa prende a atenção dos concorrentes nos seus negócios principais e onde concentram mais forças, atacando-os então nos segmentos de mercado mais desprotegidos, especialmente aqueles onde as necessidades dos consumidores não são satisfatoriamente atendidas.

### Ataque frontal
- A empresa mede forças com seus concorrentes enfrentando-os com seus produtos, políticas de preço, promoções, propaganda etc., em uma ação ofensiva pura.

## Questões a serem respondidas:

- Em que contexto competitivo a empresa se encontra para justificar suas escolhas estratégicas?
- Que combinação de estratégias pode ser usada para aumentar a eficácia do negócio no alcance dos objetivos estabelecidos?
- Que decisões estratégicas devem ser tomadas para otimizar a alocação dos recursos da empresa?

## Instruções de preenchimento:

- Considerar a visão do futuro, a missão e as diretrizes estratégicas gerais do negócio.
- Levar em conta o Mapa Estratégico de objetivos, indicadores e metas estabelecidos.
- Formular as estratégias de negócio a serem implementadas.

## FORMULAÇÃO ESTRATÉGICA

| | Objetivos | Estratégias de mercado | Metas | Indicadores |
|---|---|---|---|---|
| **1. Financeiros** | | | | |
| 1.1 | | | | |
| 1.2 | | | | |
| 1.3 | | | | |
| **2. Clientes** | | | | |
| 2.1 | | | | |
| 2.2 | | | | |
| 2.3 | | | | |
| **3. Processos internos** | | | | |
| 3.1 | | | | |
| 3.2 | | | | |
| 3.3 | | | | |
| **4. Aprendizado e crescimento** | | | | |
| 4.1 | | | | |
| 4.2 | | | | |
| 4.3 | | | | |

*Figura 27 — Canvas do Planejamento Estratégico de Marketing — Formulação Estratégica*

## Como aplicar:

### 🌐 Caso prático

A partir do **Mapa Estratégico** dos principais objetivos de negócio da rede de lojas de departamento, e levando em conta as alternativas estratégicas disponíveis, a empresa precisa formular as estratégias que devem guiar as ações do negócio, avaliando as diferentes possibilidades de escolha e decidindo pelas combinações que mais potencializam o alcance de suas metas.

#### Estratégias de Crescimento Intenso

- **Penetração de mercado** — a empresa pretende aumentar sua participação no seu principal mercado — estado do Rio de Janeiro — implementando iniciativas que incrementem as vendas nas lojas já existentes:
    » Comunicação mais intensiva em mídias sociais.
    » Renovação mais frequente das coleções de vestuário.
    » Realinhamento de preços do portfólio de produtos existente.
    » Melhoria do suprimento de produtos nas lojas.
- **Desenvolvimento de mercado** — a empresa pretende expandir sua atuação para o interior do estado de São Paulo e para alguns estados do Nordeste do país por meio da abertura de novas lojas, e para todo o território nacional através da criação de um canal de e-commerce.

#### Estratégias de Crescimento Diversificado

- **Diversificação concêntrica** — a empresa pretende agregar novos produtos ao portfólio da rede, aproveitando-se basicamente da sinergia mercadológica do ponto de venda, permitindo assim aos clientes encontrar soluções mais completas para sua experiência nas lojas.

#### Estratégias para Desafiantes de Mercado

- **Ataque de flanco** — a empresa pretende expandir sua atuação para cidades de médio porte no interior do país, concentrando sua atenção em segmentos do mercado não prioritários para seus grandes concorrentes, oferecendo em suas lojas uma experiencia de consumo mais completa e mais atrativa para seus clientes.

## Desafio para discussão em equipe

Você e sua equipe conseguem formular estratégias de negócio que contribuam para o alcance dos objetivos do Mapa Estratégico do exemplo anterior do caso prático? Conseguem identificar que estratégias se aplicam, quais se complementam e aquelas que não fazem sentido para o negócio? E em relação à sua empresa, você e sua equipe estão preparados para formular estratégias de negócio que direcionam os recursos da empresa para o alcance de seus objetivos? Estão prontos para fazer opções e decidir sobre os rumos mais adequados para apoiar o planejamento e gestão estratégica da empresa?

## Exemplo

Uma grande empresa multinacional com forte atuação no Brasil e um portfólio de produtos e serviços bastante diversificado voltado para segmentos de mercado variados, como Óleo & Gás, Aviação, Transporte, Energia, Saúde, entre outros, pretende direcionar seus negócios nos próximos anos com base nas seguintes iniciativas estratégicas:

- **Desenvolver novos serviços**, com forte ênfase em tecnologias digitais, que agreguem mais valor aos equipamentos adquiridos por seus clientes.
- **Criação de mercado** a partir da disponibilização aos clientes dos novos serviços digitais, não explorados pela concorrência e com grande potencial de crescimento.
- **Desenvolver novos mercados**, passando a atuar em segmentos da indústria ainda não atendidos pelos produtos atuais e pelos novos serviços em desenvolvimento.
- **Inovação contínua** para o desenvolvimento de soluções mais robustas que aumentam a competitividade dos negócios de seus clientes.
- **Integração horizontal** por meio da aquisição de concorrentes diretos em alguns dos seus segmentos de atuação.

# 25. Gestão do Portfólio de Projetos

A IMPLEMENTAÇÃO DAS ESTRATÉGIAS DE NEGÓCIO definidas pelas empresas frequentemente exige a realização de projetos como meio para alcançar os objetivos estabelecidos. Como os recursos organizacionais, naturalmente limitados, são também alocados nesses projetos, entre outras iniciativas e ações que as empresas desenvolvem, se faz necessário adotar critérios de priorização que levem à escolha dos projetos que efetivamente devem fazer parte de seu portfólio.

Assim, a empresa precisa manter o foco e os investimentos naqueles projetos mais alinhados estrategicamente ao negócio. Quanto mais um projeto contribui para que os objetivos de negócio sejam alcançados, mais ele deve receber atenção e apoio da empresa. Trata-se, portanto, de um desafio a ser enfrentado a escolha e a gestão do portfólio de projetos da empresa.

## O que se pretende atingir:

- Modelar propostas de projetos de acordo com uma metodologia comum.
- Identificar o portfólio de projetos candidatos à implementação pela empresa.
- Definir os critérios de seleção do portfólio de projetos a serem desenvolvidos.
- Priorizar e selecionar os projetos mais alinhados estrategicamente aos objetivos do negócio.

## Conteúdo a ser desenvolvido:

Para cada segmento de atuação da empresa devem ser identificados os projetos candidatos à implementação pela empresa, definidos os critérios que serão utilizados para sua seleção, e selecionados aqueles mais alinhados à estratégia do negócio que a empresa efetivamente desenvolverá.

## Propostas de projetos

Ideias são apresentadas pelas diferentes áreas da empresa com o propósito de resolver as mais variadas necessidades e problemas internos do negócio e/ou de enfrentar os desafios externos de mercado.

Essas propostas precisam ser estruturadas de acordo com uma metodologia de modelagem de projetos comum que facilite o processo de análise preliminar de sua consistência e viabilidade.

Algumas ideias já podem ser descartadas por não atenderem a requisitos mínimos estabelecidos pela empresa em relação às principais dimensões da modelagem dos projetos.

### Justificativa
- Necessidades e problemas da empresa que motivam a realização do projeto. **Ex.:** *Aumento da demanda de mercado motiva a construção de uma nova fábrica pela empresa.*

### Objetivo
- Como o projeto pretende resolver os problemas e necessidades da empresa, definido de acordo com os critérios SMART já conhecidos. **Ex.:** *Construir uma nova fábrica em 12 meses que aumente em 100% a capacidade produtiva.*

### Benefícios
- Descreve os ganhos que o projeto produzirá para as diferentes partes interessadas. **Ex.:** *Aumento da capacidade produtiva e da participação de mercado, geração de empregos etc.*

### Resultado final
- Produto final que o projeto entregará para resolver os problemas e necessidades que motivaram sua realização. **Ex.:** *Nova fábrica pronta para entrar em operação.*

### Requisitos
- Características gerais do produto final do projeto que as diferentes partes interessadas esperam ver atendidas. **Ex.:** *Capacidade produtiva mínima definida, cumprimento de normas ambientais, preservação da QVT etc.*

### Partes interessadas
- Todas as pessoas, grupos e organizações que podem ser afetados ou afetar os resultados do projeto. **Ex.:** *Gerente do projeto, acionistas, funcionários, sindicatos, associações de moradores, prefeito etc.*

### Equipe
- Todos os envolvidos na realização das atividades que darão origem às entregas do projeto. **Ex.:** *Gerente do projeto, consultores, engenheiros, operários, supervisores etc.*

### Premissas
- Representam verdades assumidas pelo gerente do projeto para fins de planejamento que não estão sob seu controle e que podem se mostrar falsas com o passar do tempo. **Ex.:** *Terreno para a fábrica já disponível, construtora já contratada, subsídios de impostos concedidos etc.*

### Restrições
- Limitações ao desenvolvimento do projeto que restringem as opções de escolha da equipe e o espaço de decisão do gerente. **Ex.:** *Equipe não dedicada full-time ao projeto, limitações orçamentárias, horário restrito para o trabalho etc.*

### Principais entregas
- Componentes tangíveis do projeto que serão gerados a partir do emprego dos diferentes recursos alocados nas atividades do projeto, dando origem ao produto final. **Ex.:** *Docas de trânsito, áreas de processamento e embalagem, armazém de estocagem etc.*

### Riscos
- Eventos futuros incertos que podem impactar de modo relevante o desenvolvimento do projeto, positiva ou negativamente, e que precisarão ser gerenciados de alguma forma. **Ex.:** *Aspectos climáticos, acidentes de trabalho, atraso de fornecedores, mudança estratégica do negócio etc.*

### Duração
- Momentos em que as principais entregas e o resultado final do projeto serão concluídos. **Ex.:** *Definição dos marcos de entrega dos principais componentes tangíveis do projeto.*

### Custos
- Gastos envolvidos na realização das principais entregas do projeto. **Ex.:** *Definição do custo de realização dos principais componentes tangíveis do projeto.*

**REFERÊNCIA**
FiNOCCHIO JUNIOR, JOSÉ. *Project Model Canvas.* Rio de Janeiro, Campus. 2015.

## Projetos candidatos

As propostas previamente aprovadas dão origem a uma lista de projetos potenciais. Esses projetos candidatos devem ser categorizados e agrupados de acordo com os objetivos estratégicos do negócio, como:

- Aumento da lucratividade
- Elevação de receitas
- Redução de custos
- Redução de riscos
- Melhoria na eficiência
- Crescimento de participação de mercado
- Melhoria de processos

## Critérios de seleção de projetos

O grau de alinhamento estratégico dos projetos aos objetivos de negócio e de atendimento a um conjunto de critérios de seleção precisa ser avaliado de tal modo que haja uma seleção coerente com as diretrizes estratégicas do negócio e com os valores essenciais da empresa. Alguns desses critérios de seleção podem ser:

- Benefícios para a empresa
- Abrangência dos resultados
- Satisfação do cliente
- Investimento requerido
- Complexidade da implementação
- Tempo de retorno
- Aderência aos objetivos e estratégias de negócio, entre outros

## Projetos selecionados

Os projetos candidatos são avaliados comparativamente de acordo com o grau de alinhamento estratégico aos objetivos do negócio e em função de sua capacidade de atender aos critérios de seleção estabelecidos. Os projetos que atendem aos requisitos estabelecidos são então selecionados para integrar o portfólio da empresa e priorizados de acordo com os critérios de maior peso e importância relativa utilizados na avaliação.

Como resultado da priorização, levando em conta critérios como custo de realização, tempo para conclusão, complexidade de implementação, entre outros, é possível que mesmo projetos a princípio selecionados não sejam efetivamente autorizados a iniciar.

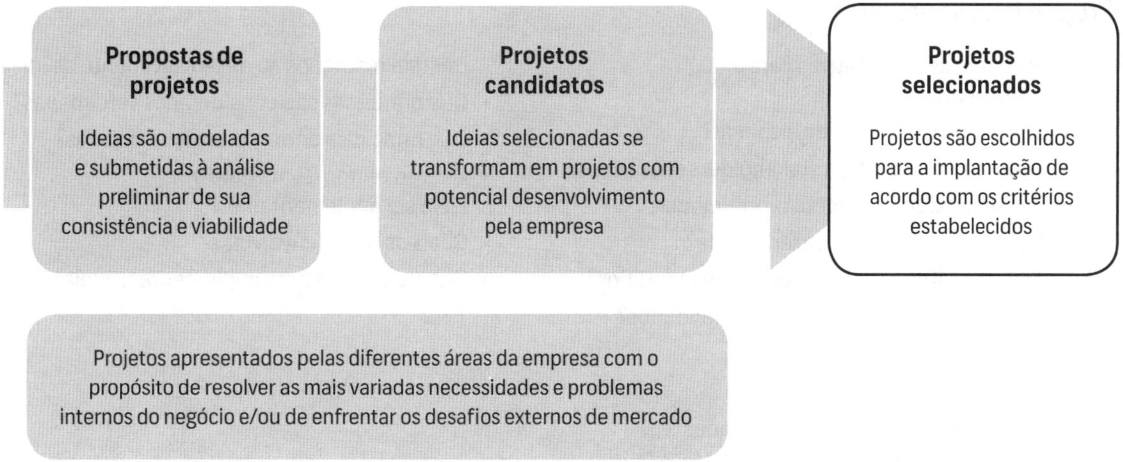

```
┌─────────────────┐    ┌─────────────────┐         ┌─────────────────┐
│  Propostas de   │    │    Projetos     │         │    Projetos     │
│    projetos     │    │   candidatos    │         │   selecionados  │
│                 │    │                 │ ───▶    │                 │
│ Ideias são      │    │ Ideias          │         │ Projetos são    │
│ modeladas       │    │ selecionadas se │         │ escolhidos      │
│ e submetidas à  │    │ transformam em  │         │ para a          │
│ análise         │    │ projetos com    │         │ implantação de  │
│ preliminar de   │    │ potencial       │         │ acordo com os   │
│ sua consistência│    │ desenvolvimento │         │ critérios       │
│ e viabilidade   │    │ pela empresa    │         │ estabelecidos   │
└─────────────────┘    └─────────────────┘         └─────────────────┘
```

Projetos apresentados pelas diferentes áreas da empresa com o propósito de resolver as mais variadas necessidades e problemas internos do negócio e/ou de enfrentar os desafios externos de mercado

*Figura 28 — Gestão do Portfólio de Projetos*

## Questões a serem respondidas:

### Teste preliminar

- As ideias apresentadas têm coerência com os problemas internos da empresa e com seus desafios externos de mercado?
- Essas ideias já foram implementadas anteriormente pela própria empresa ou por outras?
- Como foi esse processo de implementação e quais foram os resultados obtidos?
- A empresa tem a expertise e os recursos necessários para implementar essas ideias?

## Propostas de projetos

- Quais são as justificativas para a implementação da ideia?
- Que objetivo se pretende alcançar?
- Quem são os principais stakeholders envolvidos?
- Que benefícios ela poderá proporcionar?
- Que solução final será desenvolvida?
- Que requisitos se espera que sejam atendidos?
- Que recursos humanos serão demandados?
- Existem restrições ao desenvolvimento da ideia?
- Que premissas são consideradas verdadeiras?
- Que principais entregas serão realizadas?
- Quanto tempo levará para a ideia ser implementada?
- Quais os riscos envolvidos?
- Quanto custará para implementar a ideia?

## Projetos candidatos

- As propostas previamente aprovadas equilibram de modo satisfatório os diferentes objetivos estratégicos do negócio?

## Critérios de seleção de projetos

- Os critérios de avaliação relevantes para a empresa estão contemplados na matriz de avaliação do grau de alinhamento estratégico dos projetos aos objetivos do negócio?

## Projetos selecionados

- A metodologia de qualificação dos projetos, levando em conta cada um dos critérios de avaliação comparativa, garante uma adequada diferenciação das iniciativas, proporcionando uma seleção mais fácil e justa do portfólio?
- O portfólio de projetos selecionado tem um balanceamento adequado em relação a critérios de tempo de execução, custo de implantação, nível de retorno etc.?

## Instruções de preenchimento:

- Modelar as propostas de projetos de acordo com a metodologia adotada.
- Aplicar os critérios de seleção de projetos para avaliação das propostas.
- Identificar o portfólio de projetos candidatos à implementação pela empresa.
- Priorizar e selecionar os projetos mais alinhados estrategicamente aos objetivos do negócio.

| GESTÃO DO PORTFÓLIO DE PROJETOS ||||
|---|---|---|---|
| | Objetivos | Estratégias de mercado | Projetos |
| **1. Financeiros** | | | |
| 1.1 | | | |
| 1.2 | | | |
| 1.3 | | | |
| **2. Clientes** | | | |
| 2.1 | | | |
| 2.2 | | | |
| 2.3 | | | |
| **3. Processos internos** | | | |
| 3.1 | | | |
| 3.2 | | | |
| 3.3 | | | |
| **4. Aprendizado e crescimento** | | | |
| 4.1 | | | |
| 4.2 | | | |
| 4.3 | | | |

| MODELAGEM DE PROJETO ||
|---|---|
| Justificativa | |
| Objetivo | |
| Benefícios | |
| Produto | |
| Requisitos | |
| Stakeholders | |
| Equipe | |
| Premissas | |
| Restrições | |
| Entregas | |
| Riscos | |
| Duração | |
| Custos | |

*Figura 29 — Canvas do Planejamento Estratégico de Marketing — Gestão do Portfólio de Projetos*

## Como aplicar:

### 🌐 Caso prático

Para implementar as estratégias de negócio formuladas e torná-las de fato tangíveis, a empresa eventualmente precisa fazer isso por meio do **desenvolvimento de projetos** específicos, os quais devem ser selecionados com base em seu alinhamento estratégico e capacidade de contribuir para o alcance dos objetivos do negócio.

Assim, levando em conta as estratégias formuladas, a empresa selecionou o seguinte portfólio de projetos:

- **Penetração de mercado** — para incrementar suas vendas nas lojas já existentes e aumentar sua participação de mercado por meio das iniciativas concebidas, os seguintes projetos foram selecionados:
    - » **Novos canais** — desenvolvimento de novos canais em todas as mídias sociais relevantes, já exploradas ou novas.
    - » **Novas coleções** — criação das novas coleções de vestuário com maior periodicidade e prazos mais curtos.
    - » **Gôndola cheia** — melhoria do suprimento de produtos nas lojas através de: a) desenvolvimento de novos fornecedores; b) reestruturação dos processos de compras e de comunicação online com os fornecedores.

- **Desenvolvimento de mercado** — para fundamentar a expansão da rede no interior do estado de São Paulo e nos estados do Nordeste do país, os seguintes projetos foram selecionados:
    - » **Rede SP** — abertura de novas lojas em cinco cidades do interior de São Paulo.
    - » **Rede NE** — abertura de novas lojas em três capitais nordestinas e em duas cidades do interior de Pernambuco e da Paraíba.
    - » **E-commerce** — desenvolvimento do canal de vendas online da empresa e de toda a infraestrutura e processos logísticos de armazenamento e entrega.

- **Diversificação concêntrica** — para garantir a adequada agregação de novos produtos ao portfólio da rede:
    - » **Pesquisando** — pesquisa de mercado para identificação de tendências de consumo, preferências do público-alvo da empresa e disponibilidade de fornecedores, a fim de fundamentar a escolha dos novos produtos que integrarão o portfólio das lojas.

Em função da grande diversidade de projetos com potencial de desenvolvimento pela empresa, aqui foram destacados apenas os **projetos já selecionados**, pressupondo que estes são os que receberam maior pontuação geral quando aplicados os questionamentos feitos no tópico *"Questões a serem respondidas"*.

Importante destacar que, do ponto de vista do Planejamento Estratégico de Marketing, a metodologia contemplada neste livro aborda apenas o processo de seleção dos projetos que devem integrar o portfólio da empresa em função de sua capacidade de contribuir para o alcance dos objetivos estratégicos do negócio.

Escolhidos os projetos e aprovados aqueles que de fato devem ser implementados, cabe à empresa aplicar os métodos de gestão de projetos que mais se adequam às suas necessidades. Isso foge ao escopo deste livro. O detalhamento de escopo, cronograma, orçamento, riscos, recursos necessários, entre outros aspectos de cada projeto selecionado, deve ser tratado com base em outras metodologias que complementam o esforço de planejamento estratégico do negócio.

Existem vários frameworks ou modelos de apoio à gestão de projetos disponíveis para serem usados como referência. Um deles, ou uma combinação deles, pode representar o melhor caminho para a empresa.

# PARTE 6
## *PLANEJAMENTO DE AÇÕES ESTRUTURANTES E ORIENTADAS A MERCADO*

**PASSADA A ETAPA DE PLANEJAMENTO ESTRATÉGICO**, em que a empresa estabelece seu posicionamento de mercado, os objetivos, metas e indicadores são definidos no Mapa Estratégico da empresa usando-se a metodologia do Balanced Scorecard, as estratégias de negócio são formuladas indicando os caminhos a serem seguidos para explorar as oportunidades e para se defender das ameaças de mercado, e os projetos são selecionados para compor um portfólio alinhado estrategicamente aos objetivos da empresa, é necessário que as atenções sejam voltadas para se estabelecer que ações também devem ser implantadas nas diversas áreas com o propósito de contribuir para o alcance dos objetivos organizacionais.

Essas ações, classificadas como estruturantes e orientadas a mercado, e já abordadas anteriormente, além de complementarem-se mutuamente, reforçam a implementação dos projetos selecionados, sendo todas elas parte integrante do esforço de planejamento e gestão estratégica do negócio.

Assim, todas as ações estruturantes precisam ser analisadas, selecionadas e priorizadas de acordo com critérios que preservem seu alinhamento às estratégias do negócio e que contribuam para que a empresa efetivamente alcance seus objetivos de mercado.

# 26. Planejamento de Ações Estruturantes

AS AÇÕES ESTRUTURANTES PRECISAM SER TRATADAS com base em uma visão sistêmica da empresa. É preciso lançar um olhar para a empresa como um todo e sobre as diversas interações existentes em sua estrutura organizacional. Entender a integração das diferentes áreas na implementação dos processos internos permite a identificação das oportunidades de melhoria e das lacunas de recursos existentes, sendo parte do esforço de Diagnóstico Estratégico já realizado, e as ações estruturantes devem atuar exatamente sobre esses aspectos, a fim de aumentar a eficiência e a eficácia do negócio.

Essas ações estruturantes podem representar iniciativas para:

- Adquirir novas máquinas e equipamentos.
- Implantar um novo processo produtivo.
- Aperfeiçoar funcionalidades do sistema de gestão administrativa.
- Selecionar novos colaboradores para uma equipe de projeto.
- Otimizar as rotas de distribuição de produtos.
- Modificar a logística de suprimentos, entre outras.

## O que se pretende atingir:

- Identificar as ações estruturantes necessárias para sustentar as estratégias do negócio.
- Definir responsabilidades, meios e orçamento de implantação das ações estruturantes.
- Priorizar e selecionar as ações estruturantes a serem desenvolvidas pela empresa.

## Conteúdo a ser desenvolvido:

Para cada segmento de atuação da empresa devem ser identificadas as ações estruturantes que a empresa pretende implementar, assim como devem ser selecionadas e priorizadas aquelas mais alinhadas à estratégia do negócio, a partir de sua análise comparativa com base nos critérios definidos (justificativa, objetivos, responsabilidades, duração, recursos e meios, custo, sustentabilidade e complexidade).

### Ações estruturantes

Ações que, quando implementadas, dão à empresa melhores condições de infraestrutura e recursos e maior efetividade na realização de seus processos e atividades-chave, potencializando a implementação das estratégias de negócio e dando à empresa maior competitividade em seus mercados de atuação.

### Caracterização das ações estruturantes

As ações propostas precisam ser detalhadas para permitir seu claro entendimento e futura análise comparativa de acordo com um conjunto de critérios que permita identificar preliminarmente aquelas que podem ou não prosperar, promovendo uma seleção de ações que, em última instância, promova a sustentabilidade do negócio.

Nesta etapa, algumas ideias já são descartadas por não atenderem a requisitos mínimos estabelecidos pela empresa em relação às principais dimensões da modelagem dos projetos.

**Justificativa**
- Necessidades e problemas da empresa que motivam a implementação da ação. **Ex.:** *Aumento da demanda de mercado motiva a contratação de mais vendedores para a equipe.*

**Objetivo**
- Como a ação pretende resolver os problemas e necessidades da empresa, definido de acordo com os critérios SMART já conhecidos. **Ex.:** *Contratar no máximo em trinta dias vinte novos vendedores para a equipe da área comercial.*

**Responsabilidades**

- Recursos humanos responsáveis pela implementação da ação. **Ex.:** *Gerente comercial, gerente de recursos humanos, supervisores de venda e equipe de vendedores.*

**Duração**

- Tempo transcorrido para a implementação da ação e obtenção de resultados efetivos. **Ex.:** *Expectativa de que os novos vendedores apresentem resultados efetivos em no máximo três meses.*

**Recursos e meios**

- Recursos e meios empregados na implementação da ação. **Ex.:** *Contratação de uma consultoria especializada em recursos humanos para conduzir o processo.*

**Custo**

- Gastos envolvidos na implementação da ação. **Ex.:** *Orçamento de R$10 mil para a realização do processo com apoio de consultoria externa.*

## Critérios de seleção de ações estruturantes

As ações previamente identificadas precisam ser confrontadas com base nos critérios definidos para que se estabeleça uma adequada seleção e priorização, podendo essa análise levar ao cancelamento de sua implementação se o resultado mostrar um acentuado desequilíbrio entre os critérios utilizados:

- Benefícios para a empresa
- Abrangência dos resultados
- Satisfação do cliente
- Investimento requerido
- Complexidade da implementação
- Tempo de retorno
- Aderência aos objetivos e estratégias de negócio, entre outros

## Questões a serem respondidas:

- É preciso de fato implementar a ação para dar suporte às estratégias de negócio?
- Qual o tempo necessário para a implementação da ação e a obtenção de resultados efetivos?
- A empresa tem os recursos e meios necessários para empregar na implementação das ações?
- Qual o custo da implementação de cada ação?
- Como as ações propostas impactam as receitas e despesas da empresa?
- A implementação das ações é complexa e difícil de executar?

## Instruções de preenchimento:

- Identificar as ações estruturantes.
- Caracterizar as ações de acordo com as dimensões estabelecidas.
- Aplicar os critérios de seleção das ações para avaliação comparativa.
- Selecionar e priorizar as ações a serem desenvolvidas pela empresa.

**PLANEJAMENTO DE AÇÕES ESTRUTURANTES E ORIENTADAS AO MERCADO**

|  | Objetivos | Estratégias de mercado | Ações estruturantes | Ações de mercado (Produto) | Ações de mercado (Preço) | Ações de mercado (Comercialização) | Ações de mercado (Distribuição) | Ações de mercado (Comunicação) |
|---|---|---|---|---|---|---|---|---|
| **1. Financeiros** | | | | | | | | |
| 1.1 | | | | | | | | |
| 1.2 | | | | | | | | |
| 1.3 | | | | | | | | |
| **2. Clientes** | | | | | | | | |
| 2.1 | | | | | | | | |
| 2.2 | | | | | | | | |
| 2.3 | | | | | | | | |
| **3. Processos internos** | | | | | | | | |
| 3.1 | | | | | | | | |
| 3.2 | | | | | | | | |
| 3.3 | | | | | | | | |
| **4. Aprendizado e crescimento** | | | | | | | | |
| 4.1 | | | | | | | | |
| 4.2 | | | | | | | | |
| 4.3 | | | | | | | | |

*Figura 30 — Canvas do Planejamento Estratégico de Marketing — Planejamento de Ações Estruturantes*

## Como aplicar:

### 🌐 Caso prático

Para implementar as estratégias de negócio formuladas e torná-las de fato tangíveis, a empresa também precisa fazer isso por meio da execução de **ações estruturantes**, as quais devem ser selecionadas com base em sua capacidade de prover a empresa de melhores condições de infraestrutura e recursos e maior efetividade na realização de seus processos e atividades-chave.

Assim, levando em conta as estratégias formuladas, a empresa definiu as seguintes ações estruturantes a serem executadas:

- **Penetração de mercado** — para incrementar suas vendas nas lojas já existentes e aumentar sua participação de mercado:
    - » **Loja bonita** — renovação da pintura, das gôndolas, dos balcões, dos expositores, da iluminação e da sonorização das lojas com ambiente mais degradado.
    - » **Atendimento rápido** — atualização de sistemas de venda e atendimento nas lojas para agilizar e facilitar a experiência dos clientes.
    - » **Atendimento nota 10** — treinamento e qualificação do pessoal de atendimento da rede de lojas.

- **Desenvolvimento de mercado** — para fundamentar a expansão da rede no interior do estado de São Paulo e nos estados do Nordeste do país:
    - » **Equipe pronta** — contratação das equipes de funcionários para as novas lojas.
    - » **Vendas online** — montagem da equipe de profissionais especializados em negócios digitais e comércio eletrônico.

- **Diversificação concêntrica** — para garantir a adequada agregação de novos produtos ao portfólio da rede:
    - » **Layout legal** — revisão do layout das lojas para acomodação dos novos produtos de acordo com as melhores práticas de venda.

Em função da grande diversidade de ações estruturantes com potencial de implementação pela empresa, aqui foram destacadas apenas as **ações já selecionadas**, pressupondo que estas são as que apresentaram maior relevância geral quando aplicados os questionamentos feitos no tópico *"Questões a serem respondidas"*.

Já as ações orientadas a mercado devem integrar as decisões sobre os produtos e serviços da empresa, sua precificação e o modo como são comunicados, vendidos e distribuídos aos clientes. Não se pode perder de vista essa integração, pois todos os elementos do composto mercadológico precisam guardar coerência entre si, sob pena de comprometer a estratégia do negócio e a eficácia das decisões do ponto de vista comercial.

O sucesso comercial de uma empresa requer que as ações orientadas a mercado sejam eficazes. Porém, para gerar resultados, a gestão de negócios depende igualmente da integração e coordenação das ações estruturantes.

**Produto**
Atributos — Marca
Qualidade — Embalagem
Opções — Garantia

**Preço**
Lista — Descontos
Crédito — Pagamento

**Composto mercadológico**

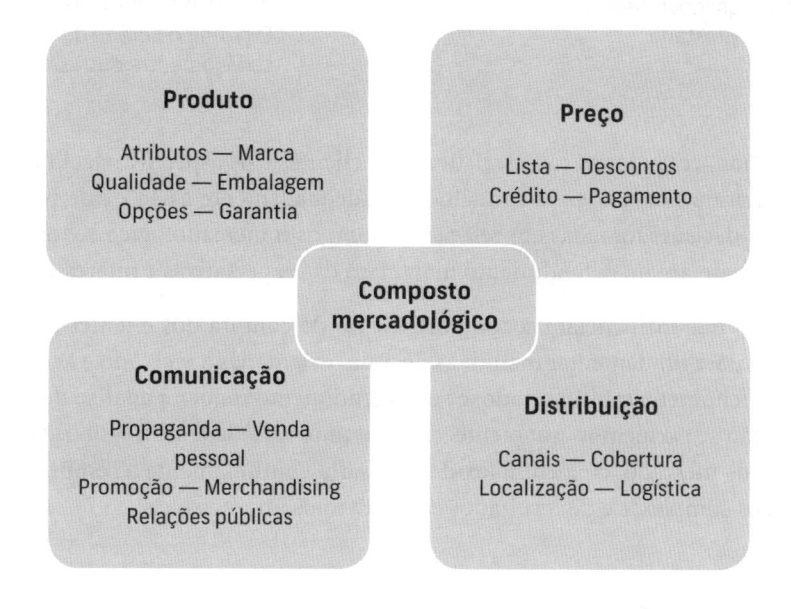

**Comunicação**
Propaganda — Venda pessoal
Promoção — Merchandising
Relações públicas

**Distribuição**
Canais — Cobertura
Localização — Logística

*Figura 31 — Integração dos Elementos do Composto Mercadológico*

Essas ações de mercado podem dizer respeito a:

- Implementar uma nova política de preços.
- Aumentar os percentuais de descontos concedidos.
- Reduzir os preços de tabela dos produtos.
- Introduzir um novo elemento no serviço prestado.
- Realizar uma ação promocional nos pontos de venda.
- Intensificar a comunicação nas mídias digitais.
- Otimizar os roteiros de distribuição dos produtos.
- Expandir o horário da oferta dos serviços, entre outras.

Nesse sentido, entender as características dos clientes e os aspectos relacionados a seu comportamento de compra é essencial para fundamentar adequadamente as ações de mercado que serão empreendidas. As decisões tomadas em relação ao composto mercadológico se tornam mais assertivas à medida que se baseiam no entendimento mais claro das expectativas e interesses dos clientes.

Os aspectos que influenciam o comportamento de compra dos clientes precisam ser decifrados pelas empresas para fundamentar melhor as decisões orientadas a mercado. O comportamento do consumidor é um fenômeno multifacetado, e seu entendimento requer a análise de vários aspectos que se combinam e não se excluem mutuamente, criando uma variedade de possibilidades de agrupamentos de segmentos de mercado, cuja complexidade desafia continuamente as empresas, tornando as decisões ainda mais complexas e de resultados cada vez mais imprevisíveis.

## Aspectos culturais

- Os consumidores podem ser identificados por apresentarem traços culturais que os tornam membros de grupos com características e interesses comuns, pertencentes, por exemplo, a uma determinada classe social cujos integrantes apresentam algumas similaridades, mesmo que não devam ser classificados de modo totalmente homogêneo. Esses indivíduos podem apresentar atitudes, valores e estilos de vida semelhantes, o que acaba por representar para as empresas a possibilidade de explorar nichos de mercado com aspectos bem definidos para os quais podem ser concebidos produtos e serviços mais adequados às suas necessidades.

## Aspectos sociais

- O pertencimento a grupos de referência também serve para identificar grupos de consumidores associados a características comuns, tais como: padrões de conduta adotados pelos indivíduos, estruturas familiares, desejos e aspirações futuras, assim como o status e o papel desempenhado na sociedade. O lugar ocupado pelos indivíduos no sistema social e seu comportamento social tipicamente adotado também contribuem para a identificação de diferentes perfis de consumidores.

## Aspectos pessoais

- O que fazem os consumidores, as ocupações profissionais que têm e o estilo de vida que levam, as circunstâncias econômicas, psicológicas, familiares, entre outras que vivem, sua idade e o estágio do ciclo da vida em que se encontram, formam um conjunto integrado de aspectos que influenciam seu comportamento de compra. A maneira como as pessoas constroem sua personalidade e autoimagem, suas motivações e a forma como aprendem e se desenvolvem ajuda a construir seu perfil e identidade, seja como indivíduos, seja como consumidores, cujo comportamento as empresas precisam entender.

Os produtos e serviços comercializados pelas empresas devem entregar a seus clientes os benefícios que estes procuram, de acordo com seus anseios, buscando satisfazer suas necessidades e desejos. Se os clientes entendem que se trata de uma oferta de valor justo, cujo custo é inferior ao benefício proporcionado, então as empresas tornam-se bem-sucedidas.

Nesse sentido, o conceito de valor em negócios é essencial para guiar as ações de mercado, pois todas as decisões tomadas pelos consumidores, de forma mais racional, intuitiva ou mesmo impulsiva, de alguma forma envolvem um raciocínio simples ou mais elaborado da relação existente entre custo e benefício.

**REFERÊNCIAS**

MERLO, EDGARD & CERIBELi, HARRISON. *Comportamento do Consumidor*. Rio de Janeiro, LTC. 2014.

SOLOMON, MICHAEL R. *O Comportamento do Consumidor — comprando, possuindo e sendo*. Porto Alegre, Bookman. 2008.

**REFERÊNCIA**
KOTLER, PHILiP.
*Administração de Marketing.*
São Paulo, Pearson Prentice Hall. 2006.

As empresas podem definir diferentes formas de posicionamento de valor na mente dos consumidores. Por exemplo, podem oferecer mais benefícios por um preço maior e se colocar no topo da categoria; oferecer mais benefícios pelo mesmo preço da concorrência ou oferecer mais benefícios por um preço mais baixo e gerar uma vantagem competitiva; ou, ainda, oferecer menos benefícios e um preço proporcionalmente mais baixo. A eficácia da adoção de qualquer uma dessas alternativas depende de sua adequação às características dos consumidores que as empresas pretendem atender.

Cada indivíduo e grupos de consumidores têm um conjunto de necessidades que precisam ser atendidas, e o grande desafio das empresas é entendê-las com clareza e desenvolver ações que sejam capazes de satisfazê-las de modo efetivo.

Os resultados do negócio tendem a ser diretamente proporcionais à capacidade das empresas de satisfazer seus clientes continuamente, mantendo-se sempre um passo à frente de seus principais concorrentes por meio da oferta de mais valor em produtos e serviços com diferenciais facilmente percebidos e que fazem sentido segundo à lógica e as preferências de consumo dos clientes.

Assim, todas as ações de mercado precisam ser analisadas, selecionadas e priorizadas de acordo com critérios que preservem seu alinhamento às estratégias do negócio e que contribuam para que a empresa efetivamente alcance seus objetivos de mercado.

## 27. Planejamento de Ações de Mercado

AS AÇÕES DE MERCADO SÃO AQUELAS VOLTADAS essencialmente a estruturar o composto mercadológico da empresa de uma forma coordenada, fazendo com que a integração de cada uma de suas dimensões potencialize os efeitos sobre as vendas, o posicionamento de mercado, o reforço das marcas, entre outros objetivos do negócio.

Assim, os elementos do composto mercadológico tangibilizam a forma como a empresa pretende satisfazer as necessidades de seus clientes. Sendo a promoção da satisfação de seus clientes uma premissa essencial para a tomada de decisões orientadas a mercado, as empresas precisam fazer dos elementos do composto mercadológico as fontes geradoras de vantagens competitivas para seus negócios.

### O que se pretende atingir:

- Identificar as ações de mercado necessárias para sustentar as estratégias do negócio.
- Definir responsabilidades, meios e orçamento de implantação das ações de mercado.
- Priorizar e selecionar as ações de mercado a serem desenvolvidas pela empresa.
- Desenvolver o composto mercadológico do negócio em cada segmento de atuação.

### Conteúdo a ser desenvolvido:

Para cada segmento de atuação da empresa devem ser identificadas as ações de mercado que a empresa pretende implementar, assim como devem ser selecionadas e priorizadas aquelas mais alinhadas à estratégia do negócio, a partir de sua análise comparativa com base nos critérios definidos (justificativa, objetivos, responsabilidades, duração, recursos e meios, custo, sustentabilidade e complexidade).

## Ações de mercado

As ações orientadas a mercado, quando implementadas, contribuem para a consolidação do composto mercadológico do negócio, potencializando a implementação das estratégias de negócio e dando à empresa maior competitividade em seus mercados de atuação, na medida em que são estabelecidas de forma integrada ao portfólio de produtos, a precificação desses produtos, os canais de distribuição e entrega aos clientes, a forma de comunicação com o mercado e os meios empregados em sua comercialização.

### *Portfólio de produtos e serviços*

Trata-se do conjunto de produtos e serviços comercializados pela empresa, cada qual com suas características e atributos, e agrupados em categorias ou linhas de acordo com os critérios estabelecidos pela empresa.

Cada produto ou serviço precisa ser desenhado de acordo com uma proposta de valor que pareça satisfatória para os clientes, respeitando seu comportamento típico de compra, entregando os benefícios esperados a um custo apropriado e atendendo às necessidades identificadas. Essa proposta de valor pode ser ampliada de modo que a percepção de qualidade dos clientes seja impactada por meio de uma oferta que supere suas expectativas iniciais.

O portfólio de produtos da empresa pode ser organizado por categorias (ou linhas) ou grupos de produtos estreitamente relacionados entre si com base em determinados aspectos, tais como: forma de uso semelhante, mesmo público-alvo, iguais canais de distribuição e vendas, entre outros.

O portfólio de produtos da empresa pode ainda ser estratificado de acordo com três dimensões: *abrangência* (número de linhas existentes); *extensão* (total de produtos em cada linha); e *profundidade* (quantidade de versões de cada produto). A consistência entre essas três dimensões pode demonstrar a robustez do portfólio da empresa.

---

A amplitude do portfólio de cervejas: abrangência (Pilsen, Ale, Lager, Weiss e Bock); extensão (as marcas de cada categoria); profundidade (embalagens em garrafas Long Neck, latas de alumínio e garrafas de 600ml).

Já o design empregado na concepção dos produtos e de suas embalagens tem se mostrado cada vez mais importante. As decisões dos consumidores levam em conta fortemente a funcionalidade proporcionada pelo design, a adequação ao uso e questões de estilo, assim como para a empresa o design torna-se um ingrediente para valorizar produtos e marcas em seu esforço de diferenciação, posicionamento, melhoria de desempenho e otimização de custos de produção e logística.

Igualmente importante, a gestão de marcas também deve ser o foco de decisões sobre o portfólio de produtos e serviços da empresa. Marcas podem representar ativos intangíveis de grande valor para o negócio, e as estratégias empregadas para fazer melhor uso delas podem ser decisivas para o sucesso comercial da empresa.

Marcas já existentes podem ser usadas no lançamento de novas versões de produtos de linhas já existentes — extensão de linha (um novo sabor de suco em caixa); marcas já existentes podem ser usadas em linhas novas de produtos — extensão de marca (a marca do suco em caixa empregada na nova linha de chás gelados); novas marcas podem ser lançadas nas linhas de produtos já exploradas pela empresa ou em novas.

Quanto à sua durabilidade e tangibilidade, os produtos do portfólio da empresa podem ser classificados como:

**Bens não duráveis** — bens tangíveis consumidos ou usados uma ou poucas vezes como alimentos e bebidas.

**Bens duráveis** — bens tangíveis usados por mais tempo, como geladeiras, automóveis, ferramentas e vestuário.

**Serviços** — produtos intangíveis, inseparáveis, variáveis e perecíveis. **Ex.:** *Serviços de escritórios de contabilidade, serviços médicos e serviços de advocacia.*

A diferença entre serviços e produtos exige o emprego de medidas de gestão distintas, seja do ponto de vista da operação do negócio, seja sob a ótica dos consumidores.

| Produtos | Serviços |
|---|---|
| Tangíveis | Intangíveis |
| Homogêneos | Heterogêneos |
| Produção, distribuição e consumo separados | Processos simultâneos de produção e consumo |
| Um bem físico | Uma atividade ou processo |
| Valor central produzido na fábrica | Valor central produzido pela interação com o cliente |
| São estocáveis | Não são estocáveis |
| A propriedade sobre o bem é transferida | Não há transferência de propriedade |

*Figura 32 — Diferenças entre Produtos e Serviços*

Serviços não podem ser sentidos ou experimentados, exceto se a empresa oferecer formas de tangibilizá-los por meio de demonstrações. **Ex.:** *Um arquiteto tangibiliza a oferta do seu serviço mostrando seu book de projetos.*

A produção ou oferta dos serviços não pode ser separada de seu consumo, pois eles ocorrem simultaneamente. **Ex.:** *A realização e entrega da declaração de imposto de renda feita por um contador é consumida ao mesmo tempo pelo cliente que a encomendou.*

Os padrões de qualidade na prestação de serviços são mais difíceis de se manterem uniformes, pois, à medida que envolvem pessoas, criam um fator de imprevisibilidade e heterogeneidade. **Ex.:** *O mesmo sanduíche de uma rede de fast-food não é exatamente o mesmo em duas lojas diferentes.*

Os serviços não são estocáveis, pois se não forem consumidos enquanto é oferecido, ele se perde. **Ex.:** *Um assento de um avião que parte desocupado em um determinado horário não pode ser vendido novamente.*

Empresas que desejam obter sucesso como prestadoras de serviços de qualidade diferenciada devem valorizar seus recursos humanos, desenvolvendo práticas de gestão de pessoas inovadoras, robustas, satisfatórias e fortemente motivadoras para os colaboradores, pois os serviços são altamente dependentes das pessoas que os executam. Só assim os clientes perceberão confiabilidade, segurança, presteza, cortesia e empatia nos colaboradores das empresas com as quais interagem, atribuindo ao atendimento recebido um diferencial de qualidade relevante.

## Precificação

A precificação correta dos produtos e serviços do portfólio da empresa precisa levar em conta a estratégia de posicionamento de marcas adotada, assim como aspectos do comportamento dos clientes, especialmente sua percepção do custo-benefício associado à compra.

Levando em conta todos os elementos do composto mercadológico do negócio, o preço cobrado pelos produtos e serviços comercializados pelas empresas afeta de modo diferente a percepção dos clientes, pois representa o desembolso de recursos financeiros necessários para a obtenção dos benefícios desejados.

Uma política de preços baixos pode ajudar a empresa a penetrar mais rapidamente no mercado com seus produtos e serviços, obtendo ganhos de escala provenientes da venda de grandes volumes.

Já a adoção de preços mais elevados pode contribuir para obter retorno dos investimentos realizados no desenvolvimento dos produtos e serviços e também para posicioná-los de uma forma mais exclusiva junto aos segmentos de mercado atendidos.

A demanda por um determinado produto é afetada por diversos fatores, como: renda, preferência dos consumidores e os preços dos produtos diretamente concorrentes e também dos produtos subs-

> O conceito de valor talvez seja o que há de mais importante na ciência do marketing, exigindo o claro entendimento de como os consumidores relacionam os preços dos produtos e serviços aos benefícios que estes proporcionam.

titutos e complementares. É importante que as empresas compreendam como variações na renda dos consumidores e variações de preço dos produtos da empresa e de seus concorrentes podem afetar a venda de seus produtos e serviços, tanto quanto mudanças no comportamento dos consumidores afetam seus padrões de consumo.

Assim, a elasticidade-preço da demanda mostra como a demanda por determinados produtos e serviços se comporta a partir de alterações em seus preços. Quanto mais elástica for a demanda, mais esta responde a alterações de preço. Quanto mais inelástica for a demanda, menos esta sofre impactos de mudanças nos preços dos produtos e serviços.

Um aspecto importante que também deve ser considerado no processo de definição dos preços é o acesso à informação que consumidores e concorrentes atualmente têm em função da adoção de tecnologias digitais. A despeito das justificativas adotadas para a fixação de uma determinada política de preços, o domínio da informação pelos agentes de mercado reduz assimetrias e reequilibra o poder de barganha, o que exige das empresas a capacidade de adotar políticas mais flexíveis que conjuguem a busca de rentabilidade, participação de mercado, lucratividade, entre outros objetivos do negócio.

## *Canais de distribuição e entrega*

A logística de suprimentos e de distribuição de produtos e serviços aos consumidores finais tem representado cada vez mais uma vantagem competitiva para as empresas. Ter na logística um meio para elevar o nível de serviço entregue aos clientes ou reduzir o custo da oferta pode ser a diferença entre o sucesso e o fracasso de um negócio.

Estabelecer que canais mais se aproximam das necessidades do negócio e das demandas dos clientes é uma decisão orientada a mercado que contribui para melhor posicionar os produtos e serviços das empresas.

A empresa pode atender diretamente seus consumidores finais ou usar intermediários distribuidores, atacadistas e varejistas para realizar esse papel no mercado de bens de consumo ou no mercado organizacional. O mesmo pode se aplicar à comercialização de serviços que se dá por meio de agentes e corretores.

A variedade de tipos de varejistas, assim como a importância atual do comércio eletrônico, torna o desafio da escolha dos canais de comercialização ainda maior. Cada produto ou serviço do portfólio da empresa pode requerer a utilização de canais específicos para melhorar seu desempenho de vendas, explorando, assim, o potencial de supermercados, lojas de conveniência, lojas de departamento, venda direta, meios digitais, como site e redes sociais, entre outros utilizados de acordo com a necessidade de aumentar os resultados do negócio e o nível de satisfação dos clientes.

A empresa precisa decidir sobre que canais utilizar para levar seus produtos e serviços aos clientes considerando o nível de serviço que pretende entregar e o custo de operação envolvido, sejam os canais próprios ou de terceiros. Disponibilidade, temporalidade, qualidade e custo da distribuição são dimensões avaliadas para se decidir que mix de canais usar para proporcionar satisfação aos clientes e garantir retorno aos parceiros e à própria empresa.

O nível de especialização que os diferentes tipos de intermediários desenvolveram faz com que eles sejam opções muito úteis e necessárias às empresas, garantindo processos mais eficientes e permitindo que estas se concentrem em aspectos-chave de seu negócio, como o desenvolvimento de produtos e serviços, a gestão de marcas e a inteligência de mercado.

A escolha do sistema de distribuição de produtos e serviços ao mercado depende dos objetivos de negócio definidos e das estratégias de mercado empregadas, podendo assumir diferentes formas.

Na distribuição **direta** a empresa vende os produtos e serviços diretamente aos clientes finais, usando intermediários apenas para garantir a entrega mais eficiente dos itens comercializados, o que pode contribuir para a redução de custos e preços finais. **Ex.:** *Venda por catálogo, porta a porta ou e-commerce de produtos de consumo em geral.*

Se for **exclusiva**, a empresa utiliza recursos de poucos intermediários (distribuidores, atacadistas ou varejistas) dedicados a fazer os produtos e serviços chegarem aos clientes em canais selecionados,

A eficiência logística de suprimentos e distribuição de insumos e produtos representa em muitos setores da atividade econômica um diferencial competitivo relevante para garantir o sucesso dos negócios.

o que pode garantir maior controle e qualidade dos processos logísticos envolvidos, em uma relação de parceria estreita. **Ex.:** *Concessionárias de veículos que revendem com exclusividade as marcas de uma montadora.*

Já se for **intensiva**, a empresa procura vender os seus produtos e serviços em grande número de pontos de venda com o propósito de gerar volumes de negócios mais significativos, o que demanda outro tipo de relacionamento com os intermediários, pois é preciso garantir que os produtos e serviços estejam disponíveis para os consumidores no tempo certo e do modo esperado. **Ex.:** *Produtos alimentícios de alto consumo vendidos em supermercados.*

Quando for **seletiva**, a distribuição é restrita a intermediários que contribuem para reforçar o posicionamento de exclusividade do acesso aos produtos e serviços da empresa, pois estão preparados para distinguir os atributos das marcas da empresa. **Ex.:** *Produtos de vestuário e acessórios de luxo vendidos em lojas multimarcas selecionadas.*

Para definir então o melhor sistema de distribuição a ser utilizado, garantindo que ele esteja alinhado aos objetivos e estratégias do negócio, a empresa precisa considerar os aspectos relacionados ao comportamento de consumo dos clientes e sua localização, o nível de serviço que pretende disponibilizar aos clientes, os atributos físicos dos produtos vendidos, as características gerais dos intermediários, aspectos ambientais e climáticos relativos à localização de fábricas, aos meios de transporte, depósitos e pontos de venda, o custo de operação de todo o sistema e a rentabilidade para todos os parceiros envolvidos.

## Comunicação com o mercado

A comunicação com o mercado atende a diferentes objetivos da empresa. O posicionamento das marcas, o estímulo às vendas, a construção de uma imagem institucional sólida, a retenção de clientes, a construção de relacionamentos mais estreitos, entre outras, são finalidades das ações de comunicação orientadas a mercado.

O processo de comunicação com o mercado envolve a definição clara de qual o público-alvo se deseja alcançar e qual a resposta esperada, a elaboração de mensagens que possam ser adequadamente decodificadas e compreendidas por esse público e a escolha das mídias corretas capazes de fazer essas mensagens chegarem ao destino estabelecido.

O mix de comunicação a ser adotado pelas empresas depende, naturalmente, de seus objetivos de negócio e de sua disponibilidade orçamentária. Os recursos financeiros alocados em comunicação com o mercado também podem representar um percentual das vendas obtidas ou se basear no volume empregado pela concorrência para o mesmo fim.

Para compor esse mix de comunicação, muitas ferramentas podem ser usadas, e a escolha do que adotar requer uma clara compreensão de quais se mostram mais eficazes para atingir o público-alvo e, por consequência, os objetivos da empresa. O que certamente é possível admitir é a necessidade de equilibrar o uso de diferentes mídias e abordagens, de modo que a combinação de publicidade e propaganda, relações públicas, contato pessoal, promoções de vendas, embalagens dos produtos, merchandising no ponto de venda, marketing direto, entre outras, produza um efeito sinérgico potencialmente mais eficaz.

**Publicidade e propaganda** — veiculação de mensagens em diferentes mídias (TV, rádio, jornais, revistas, internet, outdoor, busdoor etc.) para fazer com que os públicos-alvo de interesse da empresa conheçam os atributos e características dos produtos e serviços, criem e reforcem sua preferência por eles e também sejam induzidos a comprá-los.

**Relações públicas** — comunicação institucional para levar aos mercados da empresa seus valores e políticas, com o propósito de ajudar na construção de uma imagem corporativa favorável aos diferentes públicos de interesse.

**Venda pessoal** — esforço de vendas ou de relacionamento capaz de gerar alto grau de envolvimento dos clientes com a empresa, à medida que a interação entre as partes permite aprofundar o conhecimento mútuo das necessidades e interesses existentes.

**Promoções de vendas** — ações limitadas no tempo que têm por objetivo aumentar o volume de vendas dos produtos e serviços da empresa, oferecendo algum benefício adicional relevante para os clientes.

**Embalagens** — além de seu papel básico de acondicionar os produtos vendidos e contribuir para otimizar os custos logísticos de transporte, são cada vez mais valorizadas como ferramentas de transmissão de informações sobre os produtos (rotulagem) e de comunicação de sua imagem e posicionamento aos clientes por meio do design, envolvendo forma e funcionalidade oferecidas.

**Merchandising** — ações realizadas nos pontos de venda para estimular o consumo dos clientes, motivando-os pela exposição visual dos produtos e serviços e outros estímulos capazes de influenciar sua decisão de compra.

**Marketing direto** — meios de comunicação que permitem atingir diretamente os públicos-alvo de interesse da empresa, como: mala direta, e-mail marketing, telemarketing, SMS, WhatsApp, folheteria etc.

No atual mundo hiperconectado há muitas barreiras que comprometem a eficácia da comunicação das empresas com seus públicos-alvo. A sobrecarga de informações obriga os indivíduos a serem cada vez mais seletivos. Assim, as empresas precisam desenvolver uma elevada percepção das necessidades, motivações e características de seus clientes e consumidores potenciais para que suas mensagens não sejam simplesmente descartadas.

Além do entendimento do público-alvo ao qual a comunicação será direcionada, as empresas precisam planejar em detalhes a abordagem a ser utilizada, levando em conta o contexto de mercado, os objetivos considerados, o desenvolvimento criativo das mensagens e um plano de mídia[20] que contemple um mix equilibrado de ferramentas empregadas na medida certa, de acordo com o timing, a periodicidade, o alcance desejado e os veículos mais recomendados.

## Comercialização

Definir as abordagens de comercialização mais adequadas ao perfil dos públicos-alvo é a decisão orientada a mercado que consolida o desenvolvimento do composto mercadológico do negócio. A forma como a empresa comercializa seus produtos e serviços e se relaciona com seus clientes nesse processo pode também representar uma vantagem competitiva para o negócio, especialmente em segmentos de mercado com forte concorrência estabelecida.

**20.** Planejamento de quais instrumentos de comunicação devem ser usados para otimizar os efeitos desejados junto ao público-alvo da empresa, considerando o tempo, os recursos e os meios disponíveis.

A organização do esforço de vendas precisa estar alinhada à estratégia do negócio para promover resultados sinérgicos e alavancar os resultados comerciais. As ações de vendas devem ser também entendidas como um reforço do posicionamento do negócio, visto que quase sempre envolvem a interação de representantes da empresa com os consumidores, representando uma oportunidade de gerar satisfação e promover a fidelização dos clientes.

A utilização de uma força de vendas própria ou por meio de parceiros de negócios exige considerações acerca da dimensão da empresa e de seus mercados de atuação, do nível de controle que se deseja ter sobre a operação e do nível de serviço que se espera entregar aos clientes. Vendedores próprios ou representantes comerciais podem também ser usados de forma complementar, com atuações em diferentes territórios ou tipos de clientes, por exemplo.

Para obter uma adequada cobertura do território de vendas e um nível satisfatório de serviço aos clientes é preciso dimensionar o tamanho da força de vendas. O número de vendedores que a empresa utiliza deve permitir ainda que estes obtenham uma remuneração vantajosa, evitem uma sobrecarga de trabalho e explorem todo o potencial do mercado em que atuam.

Já o tipo de atendimento aos clientes a ser adotado afeta os resultados de vendas planejados, ao mesmo tempo em que pode contribuir para consolidar relacionamentos de longo prazo com os consumidores. A empresa precisa decidir como pretende vender seus produtos e serviços. Se por meio de ferramentas digitais de comércio eletrônico, venda direta porta a porta, venda pessoal especializada, venda por meio de canais intermediários ou quaisquer outras abordagens que se mostrem eficazes para o atingimento dos objetivos.

Os mecanismos de gestão e controle da força de vendas devem levar ao aumento de sua eficiência e de sua eficácia, com o apoio de ferramentas tecnológicas que contribuem para melhorar o desempenho das equipes de vendas e a qualidade das informações gerenciais. Metas devem ser estabelecidas para avaliação do desempenho de vendas, sendo os indicadores definidos de acordo com a necessidade de controle da empresa (vendas totais, por cliente, por produto, por região etc.).

**REFERÊNCIA**
COBRA, Marcos. *Administração de Vendas*. São Paulo, Editora Atlas. 2014.

A formação da equipe de vendas precisa levar em consideração todas as exigências dos processos de gestão comercial empregados. A empresa precisa adotar práticas de gestão de recursos humanos que permitam a seleção das melhores pessoas, sua constante capacitação e a manutenção de níveis elevados de satisfação com o trabalho e com a remuneração obtida, mantendo a equipe sempre motivada e com foco nos objetivos.

## Caracterização das ações de mercado

As ações propostas precisam ser detalhadas para permitir seu claro entendimento e futura análise comparativa de acordo com um conjunto de critérios que permita identificar preliminarmente aquelas que podem ou não prosperar, promovendo uma seleção de ações que, em última instância, promova a sustentabilidade do negócio.

### Justificativa
- Necessidades e problemas da empresa que motivam a implementação da ação. **Ex.:** *Aumento da demanda de mercado motiva a revisão da logística de distribuição dos produtos.*

### Objetivo
- Como a ação pretende resolver os problemas e necessidades da empresa, definido de acordo com os critérios SMART já conhecidos. **Ex.:** *Promover uma redução de 20% no tempo de entrega dos produtos nas regiões metropolitanas.*

### Responsabilidades
- Recursos humanos responsáveis pela implementação da ação. **Ex.:** *Gerente de marketing, gerente comercial, gerente de logística e parceiros terceirizados.*

### Duração
- Tempo transcorrido para implementação da ação e obtenção de resultados efetivos. **Ex.:** *Expectativa de que a nova logística de distribuição apresente resultados efetivos em até 60 dias.*

### Recursos e meios
- Recursos e meios empregados na implementação da ação. **Ex.:** *Contratação de uma consultoria especializada em logística para conduzir o processo.*

**Custo**
- Gastos envolvidos na implementação da ação.
**Ex.:** *Orçamento de R$100 mil para a realização do processo com apoio de consultoria externa.*

## Critérios de seleção de ações de mercado

As ações previamente identificadas precisam ser confrontadas com base nos critérios definidos para que se estabeleça uma adequada seleção e priorização, podendo essa análise levar ao cancelamento de sua implementação se o resultado mostrar um acentuado desequilíbrio entre os critérios utilizados:

- Benefícios para a empresa
- Abrangência dos resultados
- Satisfação do cliente
- Investimento requerido
- Complexidade da implementação
- Tempo de retorno
- Aderência aos objetivos e estratégias de negócio, entre outros

## Questões a serem respondidas:

- É preciso de fato implementar a ação para dar suporte às estratégias de negócio?
- Qual o tempo necessário para a implementação da ação e a obtenção de resultados efetivos?
- A empresa tem os recursos e meios necessários para empregar na implementação das ações?
- Qual o custo da implementação de cada ação?
- Como as ações propostas impactam as receitas e despesas da empresa?
- A implementação das ações é complexa e difícil de executar?

## Portfólio de produtos e serviços

- Os produtos e serviços da empresa apresentam características e atributos alinhados às preferências e necessidades dos clientes?
- Os produtos e serviços oferecem uma relação custo-benefício vantajosa para os clientes? Esses clientes percebem o valor da oferta?
- As marcas da empresa estão bem posicionadas na mente de seus clientes e destacadas de seus concorrentes?
- O ciclo de vida de cada produto e serviço da empresa é conhecido? A empresa entende o que deve ser feito em cada caso para colher os resultados desejados de todo o portfólio?

## Precificação

- A precificação dos produtos e serviços é feita de acordo com a estratégia elaborada para o negócio?
- Uma estratégia de precificação premium é utilizada para cobrar mais por produtos e serviços de qualidade superior?
- Uma estratégia de precificação de maior valor é usada nos produtos e serviços de qualidade superior vendidos a preços mais competitivos?
- Uma estratégia de precificação econômica é usada nos produtos e serviços de qualidade inferior e vendidos a preços mais baixos?
- A empresa consegue medir o impacto que alterações nos preços da concorrência causam em seu negócio?
- A empresa está pronta para reagir adotando medidas que, se necessário, ajustem a percepção de valor dos clientes?

## Canais de distribuição e entrega

- A logística de suprimentos e de distribuição de produtos e serviços da empresa representa uma vantagem competitiva do negócio?
- Os diferentes canais de distribuição utilizados são complementares e garantem equilíbrio na cobertura de mercado e no alcance dos clientes?
- É melhor para a empresa atender a seus clientes diretamente ou também usando parceiros intermediários (distribuidores, atacadistas e varejistas)?
- Que tipos de canais (supermercados, lojas de conveniência, lojas de departamento, venda direta, e-commerce etc.) a empresa deve escolher como canal de comercialização e distribuição?
- Os clientes estão satisfeitos com o nível de serviço entregue pela empresa?

- É melhor para a empresa usar que tipo de distribuição (direta, exclusiva, intensiva ou seletiva)?

## Comunicação com o mercado

- A empresa conhece bem o perfil de seus clientes e a maneira como decodificam as mensagens transmitidas, de modo a garantir a compreensão do significado da comunicação?
- Os objetivos da comunicação estão claros (informar sobre a empresa e seus produtos e serviços, estimular vendas, reposicionar marcas etc.)?
- Como a empresa pretende informar e persuadir seus clientes atuais e potenciais sobre seus produtos e serviços?
- Como espera influenciar seu comportamento de compra?
- A venda pessoal deve ser utilizada para atingir de modo direto os clientes?
- A propaganda em veículos de maior alcance (TV, rádio, jornais, revistas, busdoor, outdoor, internet etc.) pode ser eficaz para comunicar os produtos e serviços da empresa? A propaganda institucional também deve ser usada?
- Ações promocionais, como patrocínio de eventos, concursos, reduções de preços, cooperação com fornecedores, prêmios, festivais, ofertas e descontos especiais etc. são úteis para estimular as vendas?
- Ações de marketing direto por telemarketing, e-mail marketing, SMS, aplicativos de mensagens etc. fazem sentido para alcançar os clientes?
- Ações de marketing digital são apropriadas para atingir os clientes atuais e potenciais da empresa?
- O uso de mídias sociais pode contribuir de modo relevante para reforçar a comunicação da empresa com seus consumidores?
- Como o plano de mídia que organiza o esforço de comunicação está estruturado? O orçamento está bem distribuído entre os diferentes meios usados?

## Comercialização

- A organização do esforço de vendas está alinhada à estratégia do negócio?
- A interação dos representantes comerciais da empresa com os clientes é satisfatória?
- A empresa sofre com o baixo nível de fidelização de seus clientes?
- A empresa deve usar uma força de vendas própria ou terceirizada?

- O tamanho e o tipo de força de vendas estão dimensionados corretamente para garantir adequada cobertura do mercado?
- Que sistemas de vendas devem ser usados (e-commerce, venda direta porta a porta, venda pessoal especializada, venda por meio de canais intermediários etc.)?
- A força de vendas está preparada para dar suporte às estratégias do negócio?
- Os sistemas de gestão e controle comercial são adequados para dar à empresa condições de monitorar seus resultados?

## Instruções de preenchimento:

- Identificar as ações orientadas a mercado.
- Caracterizar as ações de acordo com as dimensões estabelecidas.
- Aplicar os critérios de seleção das ações para avaliação comparativa.
- Selecionar e priorizar as ações a serem desenvolvidas pela empresa.

## PLANEJAMENTO DE AÇÕES ESTRUTURANTES E ORIENTADAS AO MERCADO

| | Objetivos | Estratégias de mercado | Ações estruturantes | Ações de mercado (Produto) | Ações de mercado (Preço) | Ações de mercado (Comercialização) | Ações de mercado (Distribuição) | Ações de mercado (Comunicação) |
|---|---|---|---|---|---|---|---|---|
| **1. Financeiros** | | | | | | | | |
| 1.1 | | | | | | | | |
| 1.2 | | | | | | | | |
| 1.3 | | | | | | | | |
| **2. Clientes** | | | | | | | | |
| 2.1 | | | | | | | | |
| 2.2 | | | | | | | | |
| 2.3 | | | | | | | | |
| **3. Processos internos** | | | | | | | | |
| 3.1 | | | | | | | | |
| 3.2 | | | | | | | | |
| 3.3 | | | | | | | | |
| **4. Aprendizado e crescimento** | | | | | | | | |
| 4.1 | | | | | | | | |
| 4.2 | | | | | | | | |
| 4.3 | | | | | | | | |

*Figura 33 — Canvas do Planejamento Estratégico de Marketing — Planejamento de Ações Orientadas a Mercado*

## Como aplicar:

### 🌐 Caso prático

Para implementar as estratégias de negócio formuladas e torná-las de fato tangíveis, a empresa também precisa fazer isso por meio da execução de **ações de mercado**, as quais devem ser selecionadas com base em sua capacidade de fazer com que a empresa entregue a seus clientes a oferta de melhor valor possível, baseada na combinação mais robusta das características dos produtos vendidos, do preço cobrado, da comunicação com o mercado empregada, dos canais de distribuição utilizados e dos meios de comercialização mais apropriados.

Assim, levando em conta as estratégias formuladas, a empresa definiu as seguintes ações orientadas a mercado a serem executadas:

- **Penetração de Mercado** — para incrementar suas vendas nas lojas já existentes e aumentar sua participação de mercado por meio das iniciativas concebidas, as seguintes ações de mercado foram planejadas:

    **Preço justo** — realinhamento de preços do portfólio de produtos existente, buscando maior competitividade em relação aos principais concorrentes, mas sem prejudicar a margem de lucro total das lojas.

    **Loja farta** — melhoria do suprimento de produtos nas lojas por meio da arrumação permanente das gôndolas e alterações no layout dos expositores.

- **Desenvolvimento de mercado** — para fundamentar a expansão da rede no interior do estado de São Paulo e nos estados do Nordeste do país, as seguintes ações de mercado foram planejadas:

    **Comunicação** — realização de ações de comunicação com o mercado com foco na popularização da marca e uso intensivo de:

    » Propaganda em TVs, rádios e jornais locais.
    » Carros de som circulando pelas cidades.
    » Distribuição de folheteria em residências e áreas comerciais.

    **Promo** — realização de ações promocionais locais, com forte ênfase em atrair consumidores para as novas lojas:

    » Patrocínio de eventos esportivos e culturais locais.
    » Sorteio de cupons de desconto.
    » Realização de eventos de inauguração das lojas.

**E-commerce** — desenvolvimento do canal de vendas online da empresa:

» Definição do portfólio de produtos para venda online.
» Precificação desses produtos e definição da política comercial.
» Definição das ações de comunicação digital.

- **Diversificação concêntrica** — para viabilizar a agregação de novos produtos ao portfólio da rede, a seguinte ação de mercado foi planejada:

**Parceria** — realização de ações de parceria com os novos fornecedores baseadas em:

» Merchandising agressivo nos nichos criados para os produtos.
» Ativação da marca com atividades interativas com os clientes.
» Alocação de pessoal de atendimento especializado nos produtos.

Em função da grande diversidade de ações orientadas a mercado com potencial de implementação pela empresa, aqui foram destacadas apenas as **ações já selecionadas**, pressupondo que estas são as que apresentaram maior relevância geral quando aplicados os questionamentos feitos no tópico *"Questões a serem respondidas"*.

Definidas as ações estruturantes e orientadas a mercado que a empresa pretende adotar em alinhamento com as estratégias de negócio formuladas, e tendo para cada uma dessas ações estabelecido ou estimado o tempo para sua implementação e geração de resultados, os recursos e meios a serem empregados, os custos envolvidos e as responsabilidades pela execução, elabora-se o planejamento operacional dessas ações por meio do uso do método 5W2H, o qual subsidia o processo de elaboração do orçamento de marketing da organização.

> É essencial que o processo de Planejamento Estratégico de Marketing seja desdobrado a ponto de permitir a identificação e operacionalização das ações que transformarão a estratégia em realidade concreta e tangível.

O planejamento estratégico de marketing de qualquer organização precisa resultar na alocação mais eficiente e racional possível dos recursos às diferentes iniciativas a serem empreendidas, e essa alocação de recursos se explicita pelo processo de orçamentação.

Assim, o 5W2H representa um dos instrumentos que pode se mostrar bastante simples e útil para apoiar essa finalidade, respondendo às seguintes questões:

**What (o que será feito?)** — que atividades serão efetivamente realizadas?

**Why (por que será feito?)** — por que essas atividades serão executadas?

**Where (onde será feito?)** — onde as atividades serão executadas?

**When (quando?)** — quando as atividades serão executadas?

**Who (por quem será feito?)** — quem serão os responsáveis pela execução das atividades?

**How (como será feito?)** — com que métodos e recursos as atividades serão executadas?

**How much (quanto vai custar?)** — quanto as atividades vão custar para serem realizadas?

Encerrado todo esse processo de planejamento com base na metodologia desenvolvida neste livro, a empresa dispõe das informações e dos meios necessários não somente para subsidiar a implementação das ações definidas, mas especialmente para garantir seu monitoramento e controle efetivo.

As mesmas ferramentas utilizadas no processo de definição dos objetivos e metas da organização e de formulação das estratégias de negócio servem também para registro, acompanhamento e avaliação de desempenho das ações em curso, permitindo que a empresa identifique que resultados estão aquém do esperado e quais medidas corretivas podem ser implementadas para manter o negócio alinhado às diretrizes.

## 28. Elaboração do 5W2H e Orçamentação

OS RECURSOS ALOCADOS AOS PLANOS DE AÇÃO e projetos desenvolvidos pela empresa é que efetivamente permitirão que as atividades planejadas sejam desenvolvidas, as estratégias, implementadas, e os objetivos de negócios, perseguidos. É por meio das atividades concretamente realizadas por pessoas com o apoio de recursos materiais das mais variadas naturezas que as estratégias de negócios são materializadas na forma de planos de ação e projetos.

Ao concluir a elaboração do 5W2H, a empresa passa a ter uma ampla visão de como seus recursos serão utilizados no período de planejamento em questão, consolidando, assim, o processo de priorização de suas ações, pressuposto básico do processo de planejamento empregado em qualquer organização.

### O que se pretende atingir:

- Integrar em documento único o registro das ações a serem implementadas e o detalhamento de todas as informações relevantes relacionadas à sua execução.
- Definir o orçamento de implantação das ações estruturantes e orientadas a mercado.
- Disponibilizar um instrumento de apoio ao monitoramento e controle da gestão.

### Conteúdo a ser desenvolvido:

Para todas as ações estruturantes e orientadas a mercado definidas e priorizadas pela empresa, devem ser detalhados todos os aspectos relacionados à sua efetiva execução, de modo a permitir a elaboração do planejamento operacional do negócio e de seu orçamento.

## 5W2H e Orçamentação

Servem ao planejamento operacional do negócio, onde as ações a serem implementadas são desdobradas em todos os elementos necessários para garantir sua efetiva execução, cuidando, ainda, da alocação dos recursos (com seus respectivos custos associados) necessários para a realização das atividades relacionadas a cada uma das ações estruturantes e orientadas a mercado que a empresa pretende implementar.

### Questões a serem respondidas:

- Que atividades serão efetivamente realizadas?
- Por que essas atividades serão executadas?
- Onde as atividades serão executadas?
- Quando as atividades serão executadas?
- Quem serão os responsáveis pela execução das atividades?
- Com que métodos e recursos as atividades serão executadas?
- Quanto as atividades vão custar para serem realizadas?

### Instruções de preenchimento:

- Registrar as ações estruturantes e orientadas a mercado a serem implementadas.
- Definir as atividades e cada um dos demais aspectos inerentes à execução de cada ação.
- Consolidar o orçamento geral alocado para a implementação das ações.

| PLANO OPERACIONAL — 5W2H ||||||
|---|---|---|---|---|---|
| Ações | Justificativa | Início e término | Responsabilidade | Tarefas e recursos | Orçamento |
| | | | | | |
| | | | | | |
| | | | | | |
| | | | | | |
| | | | | | |
| | | | | | |
| | | | | | |
| | | | | | |
| | | | | | |
| | | | | | |
| | | | | | |
| | | | | | |

Figura 34 — Canvas do Planejamento Estratégico de Marketing — Planejamento Operacional (5W2H e Orçamentação)

## Como aplicar:

### 🌐 Caso prático

Para todas as ações estruturantes e orientadas a mercado definidas e priorizadas, a empresa deve **detalhar todos os aspectos relacionados à sua efetiva execução**, planejando sua **operação** e realizando seu **orçamento**.

Em relação à estratégia de **Penetração de Mercado**, para incrementar suas vendas nas lojas já existentes e aumentar sua participação de mercado, a empresa pretende realizar as seguintes ações:

#### Ações estruturantes

**Loja bonita** — renovação da pintura, das gôndolas, dos balcões, dos expositores, da iluminação e da sonorização das lojas com ambiente mais degradado.

- Que atividades serão efetivamente realizadas?
    - » Contratar fornecedores para prestação dos serviços.
    - » Aprovar propostas de trabalho dos fornecedores.
    - » Planejar interrupção eventual do funcionamento das lojas.
    - » Informar clientes sobre as mudanças.
    - » Preparar medidas de contingência para lidar com problemas.
    - » Realizar reforma em horários de fechamento das lojas.
- Por que essas atividades serão executadas?
    - » Para melhorar a ambiência das lojas e a experiência dos clientes.
- Onde as atividades serão executadas?
    - » Nas próprias lojas selecionadas.
- Quando as atividades serão executadas?
    - » Durante o período noturno, quando as lojas não funcionam.
- Quem serão os responsáveis pela execução das atividades?
    - » Os fornecedores contratados e a gerência das lojas.
- Com que métodos e recursos as atividades serão executadas?
    - » Todos providos e sob responsabilidade dos fornecedores.
- Quanto as atividades vão custar para serem realizadas?
    - » De acordo com o orçamento aprovado junto aos fornecedores, estimado em R$80.000,00, em média, por loja.

#### Ações orientadas a mercado

**Loja farta** — melhoria do suprimento de produtos nas lojas por meio da arrumação permanente das gôndolas e alterações no layout dos expositores.

- Que atividades serão efetivamente realizadas?
    - » Elaborar e aprovar plantas baixas do novo layout das lojas.
    - » Mudar os expositores em horários de fechamento das lojas.
    - » Definir os critérios para reposicionamento dos produtos.
    - » Aperfeiçoar sistema de supervisão nas lojas.
    - » Treinar funcionários das lojas sobre novos procedimentos.
- Por que essas atividades serão executadas?
    - » Para aumentar o giro dos estoques de produtos.
- Onde as atividades serão executadas?

- » Nas próprias lojas selecionadas.
- Quando as atividades serão executadas?
  - » Durante o período noturno, quando as lojas não funcionam.
  - » Ao longo dos dias de operação normal das lojas.
- Quem serão os responsáveis pela execução das atividades?
  - » Equipes internas de manutenção e a gerência das lojas.
- Com que métodos e recursos as atividades serão executadas?
  - » Elaboração das plantas baixas — equipe interna de manutenção.
  - » Movimentação dos expositores — equipe interna de manutenção.
  - » Critérios de reposicionamento — área de marketing.
  - » Treinamento dos funcionários — área de recursos humanos.
  - » Aperfeiçoamento da supervisão — gerências das lojas.
- Quanto as atividades vão custar para serem realizadas?

  *Custos estimados por loja em horas de trabalho (mais horas extras eventuais) de equipes internas da empresa:*
  - » Elaboração das plantas baixas — 20h = R$2.000,00.
  - » Movimentação dos expositores — 90h = R$8.000,00.
  - » Critérios de reposicionamento — 10h = R$1.500,00.
  - » Treinamento dos funcionários — 75h = R$9.500,00.
  - » Aperfeiçoamento da supervisão — não quantificável.

Esse detalhamento deve ser **replicado para todas as demais ações estruturantes e orientadas a mercado** desenvolvidas neste caso prático e relacionadas às diferentes estratégicas formuladas, a fim de subsidiar a elaboração do planejamento operacional e do orçamento, devendo ser obtidas respostas para os questionamentos feitos no tópico *"Questões a serem respondidas"*.

Monitorar e controlar o desempenho das ações implementadas é fundamental para manter a empresa alinhada aos objetivos estabelecidos e orientada à otimização constante dos seus mais variados recursos.

**Desafio para discussão em equipe**

Você e sua equipe têm as informações necessárias para detalhar as ações estruturantes e orientadas a mercado a serem implementadas? Conseguem descrever todas as atividades e recursos envolvidos e justificar sua realização? Vocês estão prontos para definir todo o planejamento operacional e o orçamento necessário para implementar as ações definidas, de modo que as decisões cotidianas na empresa sejam norteadas por critérios racionais, objetivos, transparentes, fáceis de serem entendidos e compartilhados por todos?

# PARTE 7
*O PLANO DE MARKETING*

**AQUI ESTÃO REUNIDAS TODAS AS ETAPAS** do estudo de caso desenvolvido em cada capítulo do livro, permitindo ao leitor uma visão completa e integrada de todo o processo de planejamento de marketing aplicado.

# 29. O Plano de Marketing — Caso Prático Completo

## Diagnóstico estratégico de forças e fraquezas internas da empresa

Uma rede de lojas de departamentos, atuante na região Sudeste do país, com destaque para o mercado do Rio de Janeiro, desenvolve seu ciclo anual de planejamento, especialmente importante, dado o contexto de mudanças internas e de adaptação a uma nova dinâmica do mercado que a empresa vem enfrentando. Nesse sentido, é de fundamental importância a realização do **diagnóstico estratégico de forças e fraquezas internas da empresa**, pois isso é determinante para avaliar as possibilidades presentes e futuras do negócio.

A empresa passa por um processo de reestruturação, com uma ampla revisão de **processos internos** sendo realizada, notadamente no que diz respeito à sua relação com os fornecedores, gestão financeira e redefinição e gestão do portfólio de produtos.

A empresa tem um **modelo de negócios** consistente, oferecendo a seus clientes de renda média uma proposta de valor baseada em produtos de boa qualidade com preços competitivos, lojas confortáveis, bem estruturadas e localizadas em bons endereços nas cidades onde atua.

Sua **estrutura organizacional** mostra-se bastante flexível e adaptada ao contexto atual da economia e da própria empresa, observando-se um nível de articulação entre as áreas de compras, logística, marketing, comercial e de produtos que precisa ser incrementado.

Do ponto de vista **estratégico**, a empresa enfrenta um mercado em transformação, com uma forte concorrência representada por players importantes e uma demanda em queda devido à situação econômica desfavorável, exigindo a reflexão sobre seu posicionamento de mercado e a redefinição das ações necessárias para o enfrentamento dos novos desafios.

Quando comparada a seus principais concorrentes, a empresa demonstra desvantagens no uso de **tecnologias** de e-commerce e de comunicação com o mercado, tem pouca presença nas mídias sociais e não alavanca vendas em canais distintos de suas lojas já estabelecidas.

Por fim, as **práticas de gestão de pessoas** adotadas não são capazes de reter os melhores talentos na empresa, apesar de contribuírem, em parte, para manter motivados os colaboradores que exercem funções de nível básico e intermediário, especialmente em função das oportunidades de desenvolvimento até certo ponto da carreira.

Seus principais **pontos fortes** são:

- Marca reconhecida
- Lojas bem estruturadas
- Preços competitivos
- Motivação dos colaboradores
- Agilidade decisória

Os seguintes **pontos fracos** se destacam:

- Portfólio de produtos
- Fragilidade financeira
- Qualidade do atendimento nas lojas
- Ausência de e-commerce
- Frágil comunicação com o mercado

O **portfólio de produtos** da empresa se divide em seis principais categorias e respectivas linhas:

- **Vestuário** — masculino, feminino e infantil.
- **Cama, mesa e banho** — jogos de lençóis, conjuntos de mesa e jogos de banho.
- **Utilidades domésticas** — decoração e utensílios de cozinha.
- **Artigos infantis** — brinquedos e itens para recém-nascidos.
- **Telefonia** — aparelhos celulares.
- **Beleza** — perfumes, cosméticos e higiene pessoal.

Cada uma dessas linhas se decompõe em uma grande diversidade de itens acessíveis aos consumidores nas lojas da rede.

Com base nas informações de mercado e em dados internos de vendas da empresa, esse portfólio de linhas de produtos pode ser classificado da seguinte forma de acordo com os quadrantes da **Matriz BCG**:

- **Estrelas** — vestuário feminino, cosméticos e aparelhos celulares.
- **Vacas leiteiras** — jogos de lençóis e jogos de banho.
- **Interrogações** — vestuário infantil, itens para recém-nascidos e perfumes.
- **Abacaxis** — decoração, utensílios de cozinha, vestuário masculino, conjuntos de mesa, higiene pessoal e brinquedos.

Como existe uma diversidade muito grande de itens vendidos em cada categoria do portfólio, para facilitar o estudo deste caso, considera-se que a empresa realiza a **análise do ciclo de vida dos produtos** agrupados por linha.

Assim, os produtos da empresa podem ser classificados genericamente como segue, de acordo com os critérios já conhecidos:

- **Introdução** — higiene pessoal e perfumes.
- **Crescimento** — vestuário feminino, cosméticos, vestuário infantil, itens para recém-nascidos e aparelhos celulares.
- **Maturidade** — jogos de lençóis e jogos de banho.
- **Declínio** — decoração, utensílios de cozinha, vestuário masculino, conjuntos de mesa e brinquedos.

De modo complementar, os produtos da empresa também podem ser classificados de acordo com os critérios a seguir:

- **Produtos centrais** — vestuário feminino, cosméticos e aparelhos celulares.
- **Produtos complementares** — jogos de lençóis e jogos de banho.
- **Produtos para descontinuação** — decoração, utensílios de cozinha, vestuário masculino, conjuntos de mesa e brinquedos.
- **Produtos para desenvolvimento** — vestuário infantil, itens para recém-nascidos e perfumes.

Lojas de departamentos estão inseridas em um mercado com uma dinâmica de competição muito agressiva. Representam um segmento do varejo com competidores importantes e apresentam um modelo de negócio típico que vem sendo desafiado pelas próprias empresas e por concorrentes de outros segmentos. Assim, **analisar o macroambiente** para entender quais são as variáveis que afetam o mercado e a própria empresa de forma relevante é uma exigência do ponto de vista estratégico.

## Análise do macroambiente

As **variáveis econômicas** que produzem efeitos relevantes sobre a empresa são:

- **Inflação** — em função do público-alvo da empresa, a diminuição do poder de compra dos clientes pode impactar negativamente a demanda por seus produtos (*Ameaça*).
- **Juros** — como boa parte das vendas da empresa é feita por meio do cartão próprio da rede, juros em queda contribuem para estimular a demanda (*Oportunidade*).
- **Nível de emprego e renda** — o aumento do desemprego e seu impacto negativo sobre a renda das camadas baixas e médias da população afetam diretamente a demanda (*Ameaça*).
- **Nível de confiança do consumidor, do varejo e da indústria** — enquanto o nível de confiança do consumidor estiver baixo e se espalhando por toda a cadeia produtiva, a demanda não é retomada (*Ameaça*).

Essa análise de como algumas variáveis econômicas afetam o negócio, positiva ou negativamente, deve ser **replicada para as demais dimensões macroambientais**.

## Análise da concorrência

A empresa tem vários concorrentes maiores e com mais presença de mercado. Trata-se de uma concorrência agressiva, ágil e criativa, que impõe ao negócio um enorme desafio a sua própria sobrevivência.

**Analisar a concorrência** então é extremamente importante para que sejam identificadas as oportunidades e ameaças trazidas, respectivamente, pelos pontos fracos e pelos pontos fortes das empresas concorrentes.

A rede de lojas de departamentos tem três concorrentes principais que adotam um modelo de negócio semelhante ao seu, com algumas variações. Assim, **a análise de seus concorrentes** se baseia no entendimento da posição ocupada por cada empresa em relação aos seguintes fatores, entre outros:

### Mix de produtos
- A empresa oferta um mix de produtos menos variado e mais restrito do que a concorrência, porém bastante aderente ao perfil do seu público-alvo **(Nota 2)**.

### Atratividade do preço
- O preço dos produtos da empresa é atraente e fornece aos clientes uma boa relação custo-benefício **(Nota 3)**.

### Capacidade de entrega
- A empresa sofre com a logística de abastecimento de suas lojas, causando frequente indisponibilidade de produtos **(Nota 1)**.

### Estrutura relativa de custos
- A empresa tem uma operação menor, enxuta, eficiente e de custos menores **(Nota 4)**.

### Força da marca
- A marca da empresa é sólida e com forte reconhecimento no mercado, apesar de ter menor impacto **(Nota 2)**.

### Infraestrutura física
- As lojas da rede são muito bem estruturadas e localizadas, mas um pouco abaixo das principais concorrentes **(Nota 2)**.

### Domínio tecnológico
- A empresa não tem expertise tecnológica, com destaque para ausência de e-commerce e baixa presença nas mídias digitais **(Nota 1)**.

### Comunicação com o mercado
- As ações de comunicação com o mercado da empresa são muito tímidas, de pouco impacto e baixa penetração **(Nota 1)**.

### Qualidade do atendimento
- A qualidade do atendimento se equipara à dos principais concorrentes, não apresentando nenhum diferencial **(Nota 2)**.

**Qualidade dos produtos e serviços**
- A qualidade dos produtos da empresa é boa e adequada ao perfil de seus clientes, oferecendo uma relação custo-benefício satisfatória **(Nota 2)**.

**Capacidade financeira**
- A empresa encontra-se em um processo rigoroso de reestruturação, não apresentando ainda boa capacidade financeira **(Nota 1)**.

Quando comparados com seus principais concorrentes, os atributos em que a empresa é pior avaliada indicam seus **pontos fracos** e as virtudes da concorrência, representando, assim, **ameaças** que a deixam vulnerável, enquanto os atributos de baixa avaliação da concorrência representam possíveis **oportunidades** a serem exploradas.

Por outro lado, os atributos em que a empresa é mais bem avaliada indicam seus **pontos fortes**, representando as possíveis **vantagens competitivas** do negócio diante de seus principais concorrentes.

Essa análise da concorrência permite que a empresa identifique suas **vantagens competitivas** sobre os principais competidores em seu mercado de atuação.

## Análise da atratividade

A empresa opera apenas na região Sudeste do país, com atuação predominante no estado do Rio de Janeiro. No processo de reestruturação pelo qual está passando, avalia sua atuação nos mercados atuais e ao mesmo tempo sua expansão para o interior do estado de São Paulo e para alguns estados no Nordeste, o que exige a **análise da atratividade** desses mercados em relação aos seguintes fatores, entre outros:

**Barreiras de entrada e de saída** — o nível de investimento exigido para a abertura de novas lojas em uma escala razoável é elevado, e a empresa não tem nenhum diferencial competitivo claro para os clientes, o que os desestimula a experimentar novas ofertas. Os principais concorrentes têm operações muito consolidadas e bem-sucedidas em ambos os mercados.

**Ciclo de vida do segmento** — o mercado da região Sudeste, onde a empresa opera, encontra-se na fase de maturidade. A extensão da curva de crescimento das lojas de departamentos depende da expansão para mercados ainda não atendidos, pois o modelo típico de negócio do setor está sob ameaça de novos concorrentes.

**Condições sociais, políticas e legais** — o ambiente político e regulatório do país tem se mostrado extremamente instável e imprevisível, o que desestimula a tomada de decisões favoráveis a novos investimentos.

**Exigência tecnológica** — a expansão para os novos mercados não é afetada por exigências tecnológicas relevantes que a empresa não consiga atender, assim como não há ameaças impostas por novos players com modelos de negócios disruptivos.

**Intensidade da concorrência** — a concorrência nesses novos segmentos de mercado em prospecção é muito intensa, com competidores qualificados e agressivos atuando e pouco dispostos a permitir a entrada de novos players sem uma reação contraofensiva clara.

**Intensidade das mudanças** — o mercado de varejo é continuamente afetado por mudanças no comportamento do consumidor e por novos entrantes, mas lojas de departamento com modelos de negócio robustos encontram oportunidades de crescimento fora dos grandes centros urbanos, especialmente em cidades de médio porte, onde ainda há demanda a ser atendida.

**Lucratividade do mercado** — lojas de departamento tipicamente operam com margem de lucro reduzida. No entanto, aquelas que encontram um "encaixe" perfeito entre sua oferta de valor e as necessidades dos consumidores conseguem desenvolver operações lucrativas.

**Tamanho do mercado** — os novos segmentos de mercado em prospecção são grandes e muito atrativos do ponto de vista das vendas potenciais elevadas que podem ser obtidas, o que oferece boas perspectivas de retorno ao investimento.

Apesar de existirem barreiras capazes de dificultar sua entrada nos novos mercados-alvo, os **fatores de atratividade** existentes no interior do estado de São Paulo e em estados no Nordeste parecem justificar plenamente a intenção inicial da empresa de promover os investimentos necessários para sua expansão, aproveitando as oportunidades existentes.

## Comportamento de consumo

O perfil do cliente típico atendido pela empresa em sua rede de lojas apresenta as seguintes características que ajudam a definir seu comportamento de consumo:

### Características sociodemográficas

- Predominantemente do sexo feminino, casada, idade entre 25 e 60 anos, grau de instrução médio e renda média. Trabalha fora de casa, mas valoriza suas relações familiares e os cuidados com a residência.

### Motivações e necessidades

- A principal motivação desse cliente é obter uma boa relação custo-benefício com a compra de produtos de qualidade, além de obter reconhecimento e visibilidade social.

### Tarefas

- O principal problema que essa mulher espera resolver em sua vida cotidiana é poder encontrar tudo o que deseja em um único lugar.

### Ganhos

- O benefício central desejado por essa cliente em relação à rede de lojas é conseguir atender às necessidades da família, da casa e às suas pessoais através do portfólio de produtos oferecido.

### Dores

- A principal frustração sentida por essa cliente é a dificuldade de encontrar empresas que ofereçam experiências de consumo plenas e satisfatórias, onde tudo o que se espera possa ser resolvido.

Tendo a empresa um modelo de negócio concebido para atender a esse público-alvo, é necessário avaliar se os clientes potenciais existentes nos mercados do interior do estado de São Paulo e nos estados no Nordeste apresentam características similares que permitam a **reprodução do mesmo modelo de negócio** ou se esses mercados exigem **adaptações na forma de operar** da empresa.

O perfil do cliente típico atendido pela empresa em sua rede de lojas apresenta as seguintes características, que ajudam a definir seu **comportamento de consumo**:

### Características sociodemográficas
- Predominantemente do sexo feminino, casada, idade entre 25 e 60 anos, grau de instrução médio e renda média. Trabalha fora de casa, mas valoriza suas relações familiares e os cuidados com a residência.

### Características psicográficas
- Cliente tipicamente conservadora, valoriza a segurança e o bem-estar da família, sensível às tendências da moda e preocupada em sentir-se aceita e integrada em seus diferentes ambientes de convivência.

### Características comportamentais
- Consumidora usuária da rede de lojas, mas não fiel à marca. Por ser financeiramente independente, costuma tomar as decisões de compra, mas sempre levando em conta os interesses da família. Tem uma imagem positiva da empresa, apesar de não apresentar um envolvimento afetivo por ela. Conhece bastante bem o portfólio de produtos encontrado nas lojas da rede e também na concorrência.

## Análise da estrutura do mercado (ou da indústria)

O setor varejista no qual a rede de lojas de departamentos se encontra, e especialmente esse segmento de mercado em que atua, é caracterizado por forte competição, muito dispersa por um lado, e por outro com a presença de empresas de grande porte espalhadas por territórios mais amplos no país. A **análise da estrutura deste mercado (ou da indústria)** envolve grandes desafios para a empresa:

### Entrantes potenciais
- Como tem uma operação menor do que a de grandes players nesse mercado, a empresa não se aproveita de todo o potencial das economias de escala que obteria nas negociações com fornecedores para a compra de grandes volumes de alguns itens, e custos baixos das mercadorias vendidas são fator competitivo muito importante nesse segmento.
- O fato de estar passando por um processo de reestruturação representa um fator limitador para a realização dos investimentos necessários para a abertura das novas lojas, notadamente se o desejo for iniciar operações em cidades já ocupadas por concorrentes importantes e em relação aos quais a empresa não tem uma oferta diferenciada, apesar de não haver custos de mudança relevantes para os consumidores. Esses fatores

combinados podem dificultar seu processo de expansão para os novos mercados.

### Rivalidade entre os concorrentes

- Existe uma concorrência muito agressiva nesse segmento varejista, ora representada por muitas pequenas e médias empresas, ora representada por alguns grandes grupos nacionais e multinacionais. Por um lado, os movimentos competitivos adotados pelos diversos competidores menores nem sempre podem ser percebidos, e por outro a empresa pode não ter condições de implementar ações contraofensivas aos grandes concorrentes em função de suas fragilidades internas.

- Como o preço é um dos fatores principais que influenciam a decisão de compra dos clientes nesse segmento, a empresa precisa encontrar uma solução de equilíbrio para seu portfólio de produtos, reforçando seu posicionamento de valor — produtos de boa qualidade com preços acessíveis ao perfil de seu público-alvo.

### Pressão de produtos e serviços substitutos

- O modelo de negócio da empresa, além de tradicional, como nas demais lojas de departamentos e também no segmento varejista em geral, se destaca pela inexistência de uma operação de comércio eletrônico, o que pode representar uma fragilidade a mais em relação à ameaça da concorrência.

- Diante de modelos de negócios disruptivos em desenvolvimento nos mais variados setores da economia e de concorrentes ágeis e com grande tradição no mercado, a empresa precisa considerar a ameaça de obsolescência de seus produtos e serviços e avaliar sua capacidade de inovação em processos e em tecnologia.

### Poder de negociação dos fornecedores

- A relação com os fornecedores nesse segmento de mercado é crucial. A empresa tem renegociado as condições de suprimento de produtos com seus fornecedores mais importantes, procurando se adequar a sua nova realidade financeira durante esse processo de reestruturação, e ao mesmo tempo tentando forjar uma relação de parceria que envolva preços baixos e fornecimento de produtos em quantidades menores e com potencial de giro mais rápido.

- Como especialmente no segmento de vestuário existem muitos fornecedores de pequeno e médio porte espalhados por todo o país, existe a possibilidade de a empresa desenvolver canais alternativos de suprimentos, tornando-se menos dependente de fornecedores que apresentem poder de negociação muito elevado.

**Poder de negociação dos clientes**
- Os clientes da empresa têm renda média e, diante de um cenário de retração da atividade econômica e aumento do desemprego, estão especialmente sensíveis às suas restrições orçamentárias, o que representa uma ameaça para um negócio que precisa ter preços competitivos e trabalha com margens de lucro reduzidas, e tendo que se levar em consideração que para os consumidores os custos de mudança são muito baixos nesse setor.

## Análise SWOT

O setor varejista no qual a rede de lojas de departamentos opera se encontra sob forte pressão competitiva, e a empresa em particular lida com um ambiente de negócios e uma realidade interna em transformação, ora representando fortes **ameaças** a seu modelo de negócio, ora trazendo novas **oportunidades**, as quais a empresa precisa enfrentar potencializando **seus pontos fortes** e diminuindo o efeito negativo de seus **pontos fracos**.

A **análise SWOT** é a ferramenta utilizada para estabelecer um vínculo claro entre as etapas de Análise Estratégica e de Planejamento Estratégico, sendo utilizada pela empresa como subsídio para a definição de seus objetivos de negócio e para a formulação das estratégias de mercado a serem adotadas.

**Oportunidades**
- Demanda potencial de cidades de médio porte no interior.
- Potencial de consumo das camadas de renda média da população.
- Tamanho do mercado brasileiro.
- Crescimento constante do segmento de moda/vestuário.
- Juros em queda para financiamento de atividades produtivas.

**Ameaças**
- Tamanho dos principais concorrentes.
- Aumento do desemprego e diminuição da renda.
- Elevação do padrão de consumo dos clientes-alvo.
- Novos entrantes nos mesmos segmentos de atuação.
- Surgimento de novas tecnologias e serviços disruptivos.

**Pontos fortes**

- Capital humano
- Imagem da marca
- Infraestrutura e instalações das lojas
- Inteligência de mercado
- Qualidade do portfólio de produtos

**Pontos fracos**

- Comunicação com o mercado
- Domínio tecnológico
- Geração de caixa
- Gestão comercial e logística
- Sistemas de atendimento a clientes

A análise SWOT, portanto, permite identificar os relacionamentos existentes entre as dimensões do modelo, tornando evidentes os fatores potencializadores e limitadores do negócio.

### Alavancas

- O modelo de negócio da empresa, voltado para o público-alvo de renda média, está bem posicionado para aproveitar as oportunidades existentes nas cidades de médio porte do interior do país. Uma marca sólida, as boas instalações de suas lojas e o portfólio de produtos de boa qualidade com foco no perfil de seus clientes representam grande potencial para alavancar novos negócios e explorar a demanda potencial existente na economia brasileira.

### Defesas

- Para se defender da ameaça representada pelos grandes concorrentes, a empresa pode usar seu conhecimento das características e mudanças de mercado para adequar sua oferta às novas localidades que pretende explorar. E seu portfólio de produtos de boa qualidade vendidos a preços competitivos se adequa muito bem a um contexto em que os consumidores valorizam cada vez mais obter uma boa relação custo-benefício naquilo que compram.

### Restrições

- A baixa geração de caixa do negócio pode contribuir para diminuir a capacidade de investimento da empresa, dificultando a realização dos investimentos na abertura de novas lojas no ritmo desejado. Todo o potencial de consumo existente no mercado pode ser subaproveitado em função das limitações tecnológicas e logísticas da empresa e do volume reduzido de recursos aplicados na comunicação com seus clientes e público-alvo.

### Problemas

- A principal vulnerabilidade da empresa pode ser explicada pela insuficiência de seus recursos financeiros e tecnológicos e pela fragilidade de sua comunicação com o mercado para fazer frente ao poder competitivo dos principais concorrentes de grande porte existentes e à agilidade de empresas menores e bem posicionadas no mercado.

## Análise dos fatores críticos de sucesso

A **análise dos fatores críticos de sucesso** faz com que a empresa identifique quais elementos de seu modelo de negócio são determinantes para viabilizar suas intenções no mercado e ao mesmo tempo orienta o processo de definição de seus objetivos de negócios e de priorização dos investimentos necessários.

Os fatores que parecem ser essenciais para a empresa ser bem-sucedida são:

- Reforço da imagem da marca
- Infraestrutura e instalações das lojas
- Qualidade do portfólio de produtos
- Comunicação com o mercado
- Domínio tecnológico
- Geração de caixa
- Eficiência logística

## Modelo de negócio

O atual **modelo de negócio** da empresa, desenhado de acordo com a metodologia *Business Model Canvas*, pode ser descrito de acordo com as seguintes dimensões:

### Segmentos de clientes

- O segmento prioritário de clientes atendidos é o de mulheres de 25 a 60 anos, de famílias de renda média, que trabalham fora de casa e valorizam o bem-estar e os cuidados com a família.

### Proposta de valor

- Produtos de boa qualidade para a casa e para a família, com preços competitivos, para a mulher valorizar seu tempo e seu dinheiro.

### Canais

- Lojas amplas, bem estruturadas e com instalações confortáveis, onde as clientes têm acesso direto aos produtos expostos.

### Relacionamento com clientes

- A empresa se relaciona com seus clientes por meio de serviço de atendimento telefônico e via web, apenas reativo e quando solicitada pontualmente, e também nas lojas nas diferentes interações mantidas com os clientes por seus funcionários.

### Fontes de receita

- As receitas são geradas unicamente pela venda do portfólio de produtos em sua rede de lojas, sendo boa parte por meio do cartão de crédito próprio.

### Recursos-chave

- As lojas da rede são o principal recurso necessário para a empresa sustentar a operação do negócio, somado ao capital humano responsável pela gestão do portfólio de produtos.

### Atividades e processos-chave

- A empresa depende essencialmente de três processos críticos para seu funcionamento: gestão do portfólio de produtos, gestão da logística de suprimentos das lojas e gestão operacional das lojas.

### Parcerias-chave

- Os fornecedores são a principal parceria do negócio, especialmente no segmento de vestuário, o mais representativo das receitas na rede de lojas.

### Estrutura de custos

- Os custos mais representativos para o negócio são os de compra de mercadorias junto aos fornecedores e os relacionados à operação e manutenção da rede de lojas.

## Posicionamento de mercado

Na tentativa de encontrar um espaço de mercado que a mantenha menos vulnerável às ameaças dos grandes concorrentes e também de competidores menores e mais ágeis, a empresa procura se **posicionar no segmento de mercado** de lojas de departamentos como aquela capaz de oferecer a seus clientes **a melhor relação custo-benefício** na compra de **produtos de boa qualidade** a **preços competitivos**, tentando com isso construir na mente das consumidoras a imagem de uma empresa moderna, jovem, antenada com as tendências da moda e ao mesmo tempo provedora para a **mulher, que trabalha e também cuida da casa e da família**, de tudo que precisa em um só lugar.

## Mapa estratégico

O **Mapa Estratégico** dos principais **objetivos de negócio** da empresa é construído a partir da definição de sua visão futura do mercado, da missão e do propósito organizacional e de suas diretrizes estratégicas gerais:

### Visão
- Ser a rede de lojas *fast fashion* referência nas novas tendências da moda e líder em inovação e excelência nos serviços prestados aos clientes nos mercados em que atua.

### Missão
- Ser uma das mais completas redes de lojas de departamentos do Brasil, antenada com as tendências da moda e capaz de oferecer tudo o que os clientes precisam em um só lugar.

### Diretrizes estratégicas
- Excelência no atendimento aos clientes nas lojas.
- Gestão do portfólio de produtos com foco na otimização do giro dos estoques.
- Máxima eficiência logística no suprimento das lojas.
- Valorização da experiência dos clientes nas lojas.

### Objetivos, indicadores e metas
- **Sob a perspectiva financeira**
    - **Faturamento total** — obter faturamento de R$1 bilhão em 2018, *medido pelas receitas totais da rede de lojas.*
    - **Faturamento por categoria de produto** — elevar para 60% em 2018 a participação da categoria vestuário no faturamento total da rede, *medido pelas receitas dessa categoria sobre a receita total da rede.*
    - **Faturamento por loja** — aumentar em 15% o faturamento médio das lojas, *medido pelo crescimento das vendas em 2018 sobre 2017.*
    - **Faturamento por região** — elevar para 5% em 2018 a participação das vendas das lojas do interior de São Paulo sobre o

faturamento total, *medido pelas receitas dessa região sobre a receita total da rede.*
- **Lucratividade** — obter em 2018 lucro de 25% sobre as vendas, *medido pelo lucro obtido sobre a receita total da rede.*
- **Redução de custos e despesas** — reduzir os custos e despesas totais em 12% em 2018, *medido pela variação dos custos e despesas totais de 2018 sobre 2017.*
- Sob a perspectiva dos clientes
  - **Ticket médio de compra** — elevar o ticket médio dos clientes em 2018 em 8%, *medido pelo valor do ticket médio de 2018 sobre 2017.*
  - **Nível de satisfação** — alcançar 85% de satisfação dos clientes em 2018, *medido pelo índice de satisfação obtido por meio de pesquisa realizada junto aos clientes.*
  - **Participação de mercado** — obter participação de mercado de 7% no estado do Rio de Janeiro, *medido pelo volume de vendas da rede sobre as vendas totais do segmento no estado.*
- Sob a perspectiva dos processos internos
  - **Vendas por funcionário** — alcançar vendas de R$200 mil por funcionário em 2018, *medido pelas receitas totais sobre o número de funcionários da rede.*
- **Vendas por metro quadrado das lojas** — aumentar as vendas médias por metro quadrado em 18% em toda a rede em 2018, *medido pelo valor das vendas por metro quadrado em 2018 sobre 2017.*
- **Devoluções de mercadorias** — reduzir em 20% em 2018 o número de devoluções de mercadorias nas lojas pelos clientes por problemas de qualidade, *medido pelo número de devoluções em 2018 sobre 2017.*
- Sob a perspectiva do aprendizado e do crescimento
  - **Número de novas lojas abertas** — abrir cinco novas lojas em 2018, *medido pelo número efetivo de lojas abertas ao final do ano.*
  - **Percentual de projetos concluídos com sucesso** — alcançar percentual de 95% na conclusão bem-sucedida de projetos internos, *medido pelo número de projetos concluídos com escopo, prazo, custo e qualidade de acordo com o planejado sobre o total de projetos realizados.*
  - **Horas de treinamento dos colaboradores** — oferecer 10 horas de treinamento por funcionário em 2018, *medido pelo número de horas efetivas de treinamento realizadas no ano.*

## Formulação de estratégias

A partir do **Mapa Estratégico** dos principais objetivos de negócio da rede de lojas de departamento, e levando em conta as alternativas estratégicas disponíveis, a empresa precisa **formular as estratégias** que devem guiar as ações do negócio, avaliando as diferentes possibilidades de escolha e decidindo pelas combinações que mais potencializarem o alcance de suas metas.

### Estratégias de Crescimento Intenso

- **Penetração de mercado** — a empresa pretende aumentar sua participação no seu principal mercado — estado do Rio de Janeiro —, implementando iniciativas que incrementem as vendas nas lojas já existentes:
    » Comunicação mais intensiva em mídias sociais.
    » Renovação mais frequente das coleções de vestuário.
    » Realinhamento de preços do portfólio de produtos existente.
    » Melhoria do suprimento de produtos nas lojas.
- **Desenvolvimento de mercado** — a empresa pretende expandir sua atuação para o interior do estado de São Paulo e para alguns estados do Nordeste do país por meio da abertura de novas lojas, e para todo o território nacional através da criação de um canal de e-commerce.

### Estratégias de Crescimento Diversificado

- **Diversificação concêntrica** — a empresa pretende agregar novos produtos ao portfólio da rede, aproveitando-se basicamente da sinergia mercadológica do ponto de venda, permitindo assim aos clientes encontrar soluções mais completas para sua experiência nas lojas.

### Estratégias para Desafiantes de Mercado

- **Ataque de flanco** — a empresa pretende expandir sua atuação para cidades de médio porte no interior do país, concentrando sua atenção em segmentos do mercado não prioritários para seus grandes concorrentes, oferecendo em suas lojas uma experiencia de consumo mais completa e mais atrativa para seus clientes.

## Gestão do portfólio de projetos

Para implementar as estratégias de negócio formuladas e torná-las de fato tangíveis, a empresa eventualmente precisa fazer isso por meio do **desenvolvimento de projetos** específicos, os quais devem ser selecionados com base em seu alinhamento estratégico e capacidade de contribuir para o alcance dos objetivos do negócio.

Assim, levando em conta as estratégias formuladas, a empresa selecionou o seguinte portfólio de projetos:

- **Penetração de mercado** — para incrementar suas vendas nas lojas já existentes e aumentar sua participação de mercado por meio das iniciativas concebidas, os seguintes projetos foram selecionados:

  - **Novos canais** — desenvolvimento de novos canais em todas as mídias sociais relevantes, já exploradas ou novas.
  - **Novas coleções** — criação das novas coleções de vestuário com maior periodicidade e prazos mais curtos.
  - **Gôndola cheia** — melhoria do suprimento de produtos nas lojas através de:
    a) desenvolvimento de novos fornecedores;
    b) reestruturação dos processos de compras e de comunicação online com os fornecedores.

- **Desenvolvimento de mercado** — para fundamentar a expansão da rede no interior do estado de São Paulo e nos estados do Nordeste do país, os seguintes projetos foram selecionados:

  - **Rede SP** — abertura de novas lojas em cinco cidades do interior de São Paulo.
  - **Rede NE** — abertura de novas lojas em três capitais nordestinas e em duas cidades do interior de Pernambuco e da Paraíba.
  - **E-commerce** — desenvolvimento do canal de vendas online da empresa e de toda a infraestrutura e processos logísticos de armazenamento e entrega.

- **Diversificação concêntrica** — para garantir a adequada agregação de novos produtos ao portfólio da rede:

  - **Pesquisando** — pesquisa de mercado para identificação de tendências de consumo, preferências do público-alvo da empresa e disponibilidade de fornecedores, a fim de fundamentar a escolha dos novos produtos que integrarão o portfólio das lojas.

## Ações estruturantes

Para implementar as estratégias de negócio formuladas e torná-las de fato tangíveis, a empresa também precisa fazer isso por meio da execução de ações estruturantes, as quais devem ser selecionadas com base em sua capacidade de prover a empresa de melhores condições de infraestrutura e recursos e maior efetividade na realização de seus processos e atividades-chave.

Assim, levando em conta as estratégias formuladas, a empresa definiu as seguintes ações estruturantes a serem executadas:

- **Penetração de mercado** — para incrementar suas vendas nas lojas já existentes e aumentar sua participação de mercado:
    - **Loja bonita** — renovação da pintura, das gôndolas, dos balcões, dos expositores, da iluminação e da sonorização das lojas com ambiente mais degradado.
    - **Atendimento rápido** — atualização de sistemas de venda e atendimento nas lojas para agilizar e facilitar a experiência dos clientes.
    - **Atendimento nota 10** — treinamento e qualificação do pessoal de atendimento da rede de lojas.

- **Desenvolvimento de mercado** — para fundamentar a expansão da rede no interior do estado de São Paulo e nos estados do Nordeste do país:
    - **Equipe pronta** — contratação das equipes de funcionários para as novas lojas.
    - **Vendas online** — montagem da equipe de profissionais especializados em negócios digitais e comércio eletrônico.

- **Diversificação concêntrica** — para garantir a adequada agregação de novos produtos ao portfólio da rede:
    - **Layout legal** — revisão do layout das lojas para acomodação dos novos produtos de acordo com as melhores práticas de venda.

## Ações de mercado

Para implementar as estratégias de negócio formuladas e torná-las de fato tangíveis, a empresa também precisa fazer isso por meio da execução de **ações de mercado**, as quais devem ser selecionadas com base em sua capacidade de fazer com que a empresa entregue a seus clientes a oferta de melhor valor possível, baseada na combinação mais robusta das características dos produtos vendidos, do preço cobrado, da comunicação com o mercado empregada, dos canais de distribuição utilizados e dos meios de comercialização mais apropriados.

Assim, levando em conta as estratégias formuladas, a empresa definiu as seguintes ações orientadas a mercado a serem executadas:

- **Penetração de mercado** — para incrementar suas vendas nas lojas já existentes e aumentar sua participação de mercado por meio das iniciativas concebidas, as seguintes ações de mercado foram planejadas:

    **Preço justo** — realinhamento de preços do portfólio de produtos existente, buscando maior competitividade em relação aos principais concorrentes, mas sem prejudicar a margem de lucro total das lojas.

    **Loja farta** — melhoria do suprimento de produtos nas lojas por meio da arrumação permanente das gôndolas e alterações no layout dos expositores.

- **Desenvolvimento de mercado** — para fundamentar a expansão da rede no interior do estado de São Paulo e nos estados do Nordeste do país, as seguintes ações de mercado foram planejadas:

    **Comunicação** — realização de ações de comunicação com o mercado com foco na popularização da marca e uso intensivo de:
    » Propaganda em TVs, rádios e jornais locais.
    » Carros de som circulando pelas cidades.
    » Distribuição de folheteria em residências e áreas comerciais.

    **Promo** — realização de ações promocionais locais, com forte ênfase em atrair consumidores para as novas lojas:
    » Patrocínio de eventos esportivos e culturais locais.
    » Sorteio de cupons de desconto.
    » Realização de eventos de inauguração das lojas.

- **E-commerce** — desenvolvimento do canal de vendas online da empresa:
  » Definição do portfólio de produtos para venda online.
  » Precificação desses produtos e definição da política comercial.
  » Definição das ações de comunicação digital.

- **Diversificação concêntrica** — para viabilizar a agregação de novos produtos ao portfólio da rede, a seguinte ação de mercado foi planejada:

  **Parceria** — realização de ações de parceria com os novos fornecedores baseadas em:
  » Merchandising agressivo nos nichos criados para os produtos.
  » Ativação da marca com atividades interativas com os clientes.
  » Alocação de pessoal de atendimento especializado nos produtos.

## 5W2H e orçamentação

Para todas as ações estruturantes e orientadas a mercado definidas e priorizadas, a empresa deve detalhar todos os aspectos relacionados à sua efetiva execução, planejando sua **operação** e realizando seu **orçamento**, tendo como referência o **5W2H**.

Em relação à estratégia de **Penetração de Mercado**, para incrementar suas vendas nas lojas já existentes e aumentar sua participação de mercado, a empresa pretende realizar as seguintes ações:

### Ações estruturantes

**Loja bonita** — renovação da pintura, das gôndolas, dos balcões, dos expositores, da iluminação e da sonorização das lojas com ambiente mais degradado.

- Que atividades serão efetivamente realizadas?
  » Contratar fornecedores para prestação dos serviços.

» Aprovar propostas de trabalho dos fornecedores.
» Planejar interrupção eventual do funcionamento das lojas.
» Informar clientes sobre as mudanças.
» Preparar medidas de contingência para lidar com problemas.
» Realizar reforma em horários de fechamento das lojas.

- Por que essas atividades serão executadas?
  - » Para melhorar a ambiência das lojas e a experiência dos clientes.

- Onde as atividades serão executadas?
  - » Nas próprias lojas selecionadas.

- Quando as atividades serão executadas?
  - » Durante o período noturno, quando as lojas não funcionam.

- Quem serão os responsáveis pela execução das atividades?
  - » Os fornecedores contratados e a gerência das lojas.

- Com que métodos e recursos as atividades serão executadas?
  - » Todos providos e sob responsabilidade dos fornecedores.

- Quanto as atividades vão custar para serem realizadas?
  - » De acordo com o orçamento aprovado junto aos fornecedores, estimado em R$80.000,00, em média, por loja.

### Ações orientadas a mercado

**Loja farta** — melhoria do suprimento de produtos nas lojas por meio da arrumação permanente das gôndolas e alterações no layout dos expositores.

- Que atividades serão efetivamente realizadas?
  - » Elaborar e aprovar plantas baixas do novo layout das lojas.
  - » Mudar os expositores em horários de fechamento das lojas.
  - » Definir os critérios para reposicionamento dos produtos.
  - » Aperfeiçoar sistema de supervisão nas lojas.
  - » Treinar funcionários das lojas sobre novos procedimentos.

- Por que essas atividades serão executadas?
  - » Para aumentar o giro dos estoques de produtos.

- Onde as atividades serão executadas?
  - » Nas próprias lojas selecionadas.

- Quando as atividades serão executadas?
  - » Durante o período noturno, quando as lojas não funcionam.
  - » Ao longo dos dias de operação normal das lojas.

- Quem serão os responsáveis pela execução das atividades?
  » Equipes internas de manutenção e a gerência das lojas.

- Com que métodos e recursos as atividades serão executadas?
  » Elaboração das plantas baixas — equipe interna de manutenção.
  » Movimentação dos expositores — equipe interna de manutenção.
  » Critérios de reposicionamento — área de marketing.
  » Treinamento dos funcionários — área de recursos humanos.
  » Aperfeiçoamento da supervisão — gerências das lojas.

- Quanto as atividades vão custar para serem realizadas?
  *Custos estimados por loja em horas de trabalho (mais horas extras eventuais) de equipes internas da empresa:*
  » Elaboração das plantas baixas — 20h = R$2.000,00.
  » Movimentação dos expositores — 90h = R$8.000,00.
  » Critérios de reposicionamento — 10h = R$1.500,00.
  » Treinamento dos funcionários — 75h = R$9.500,00.
  » Aperfeiçoamento da supervisão — não quantificável.

Para todas as demais ações estruturantes e orientadas a mercado desenvolvidas neste caso prático e relacionadas às diferentes estratégicas formuladas, a fim de subsidiar a elaboração do planejamento operacional e do orçamento, deve ser desdobrado o 5W2H.